editionR

WASEEM HUSSAIN
SASCHA REICHSTEIN

Habitus

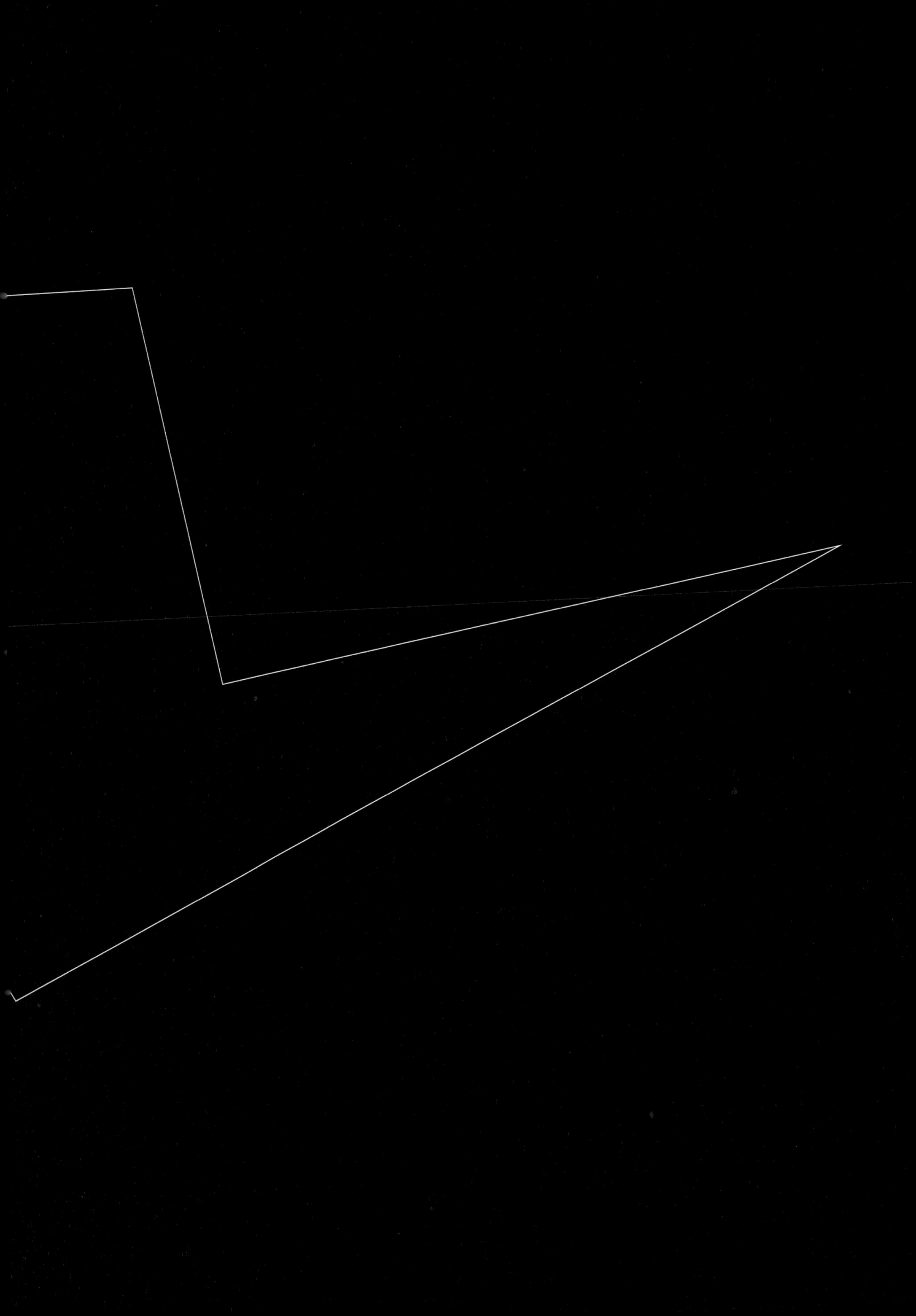

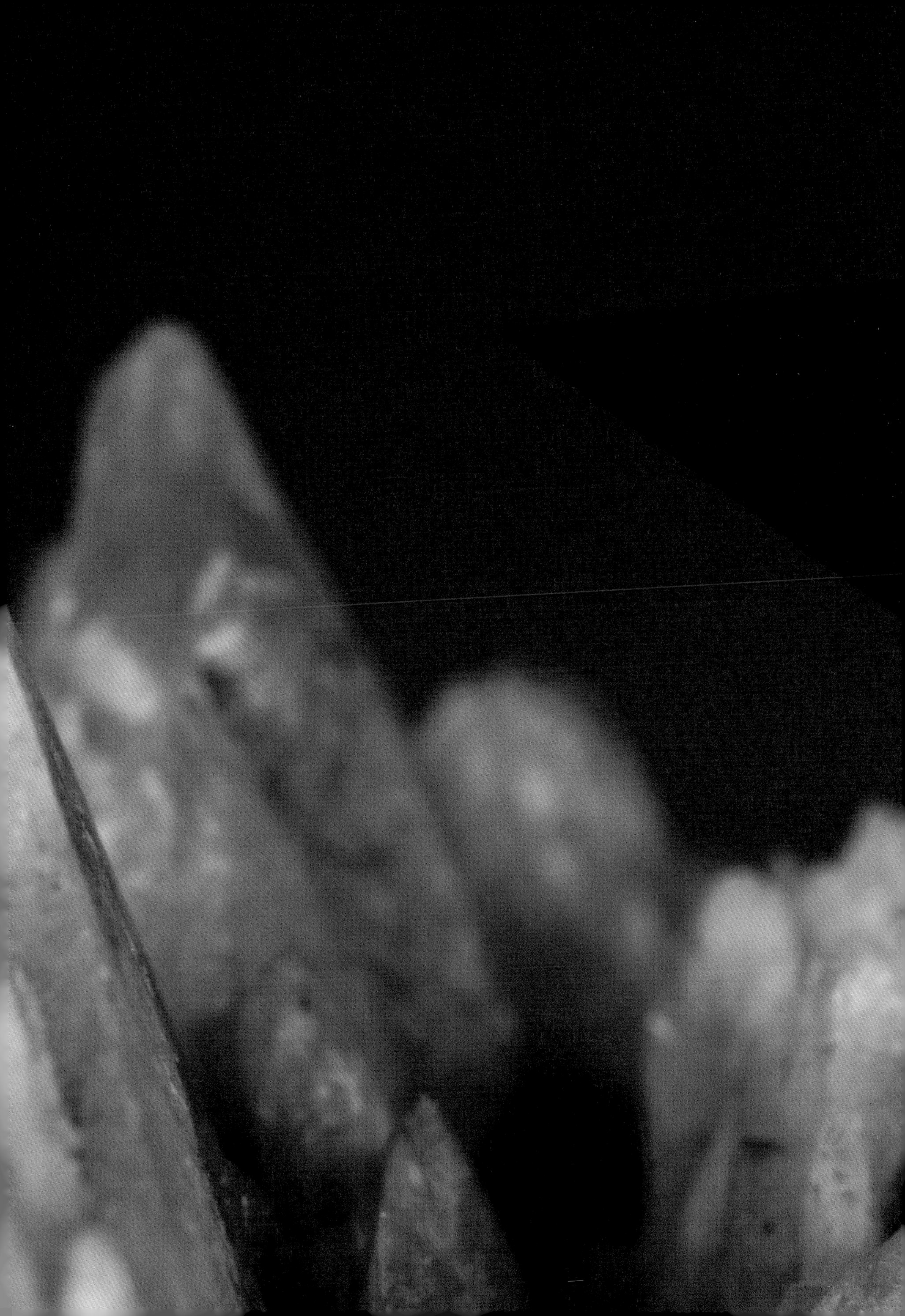

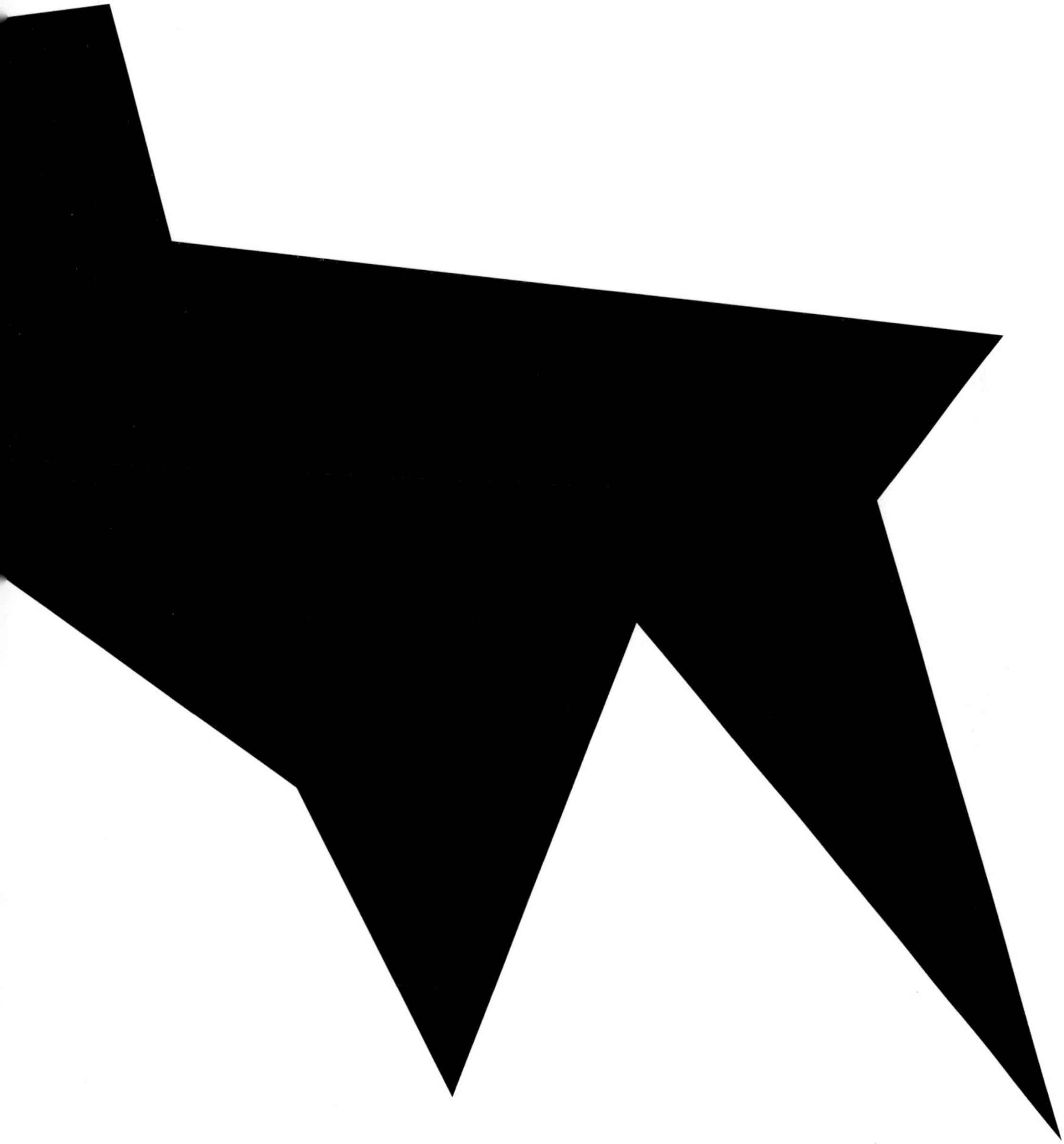

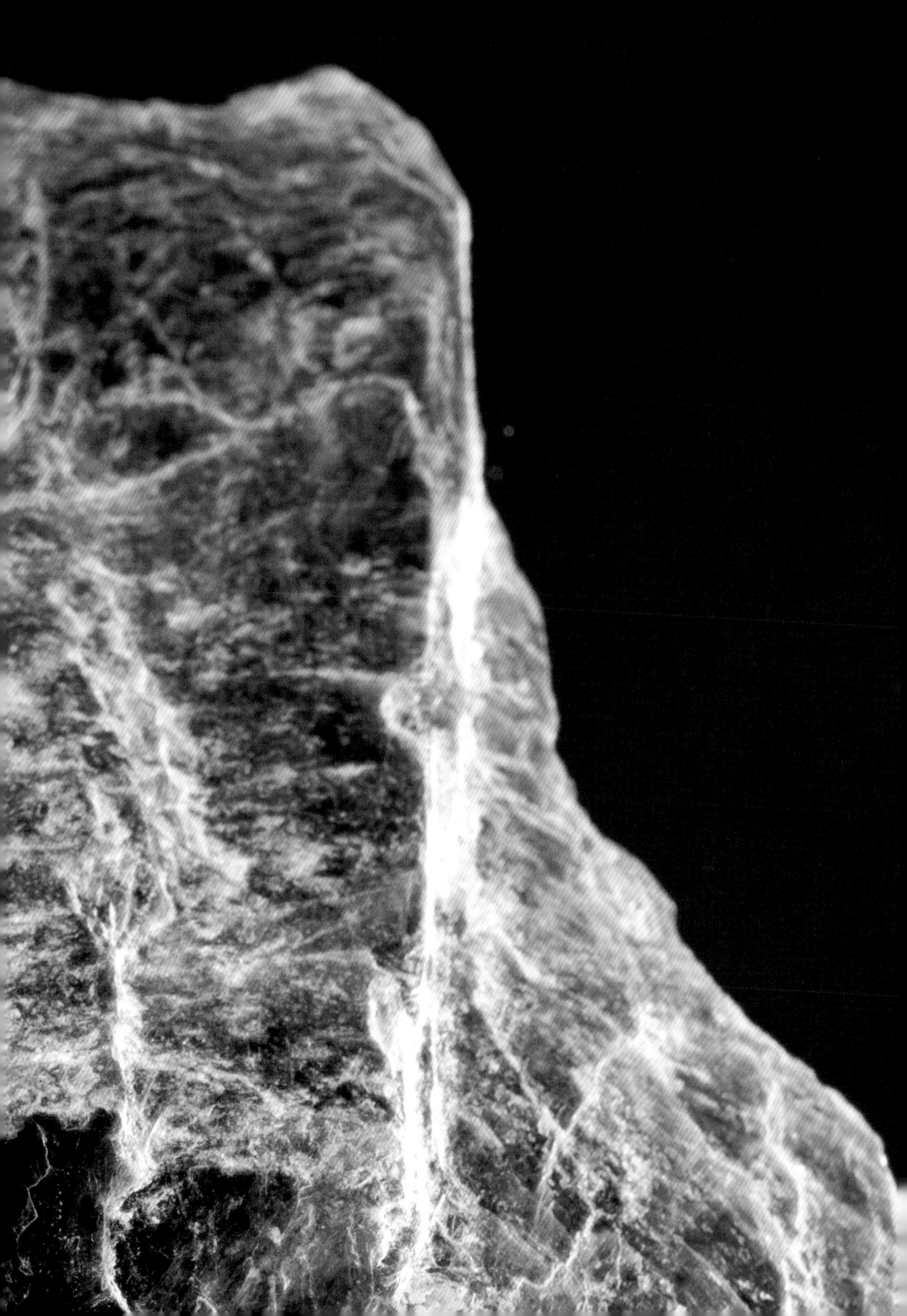

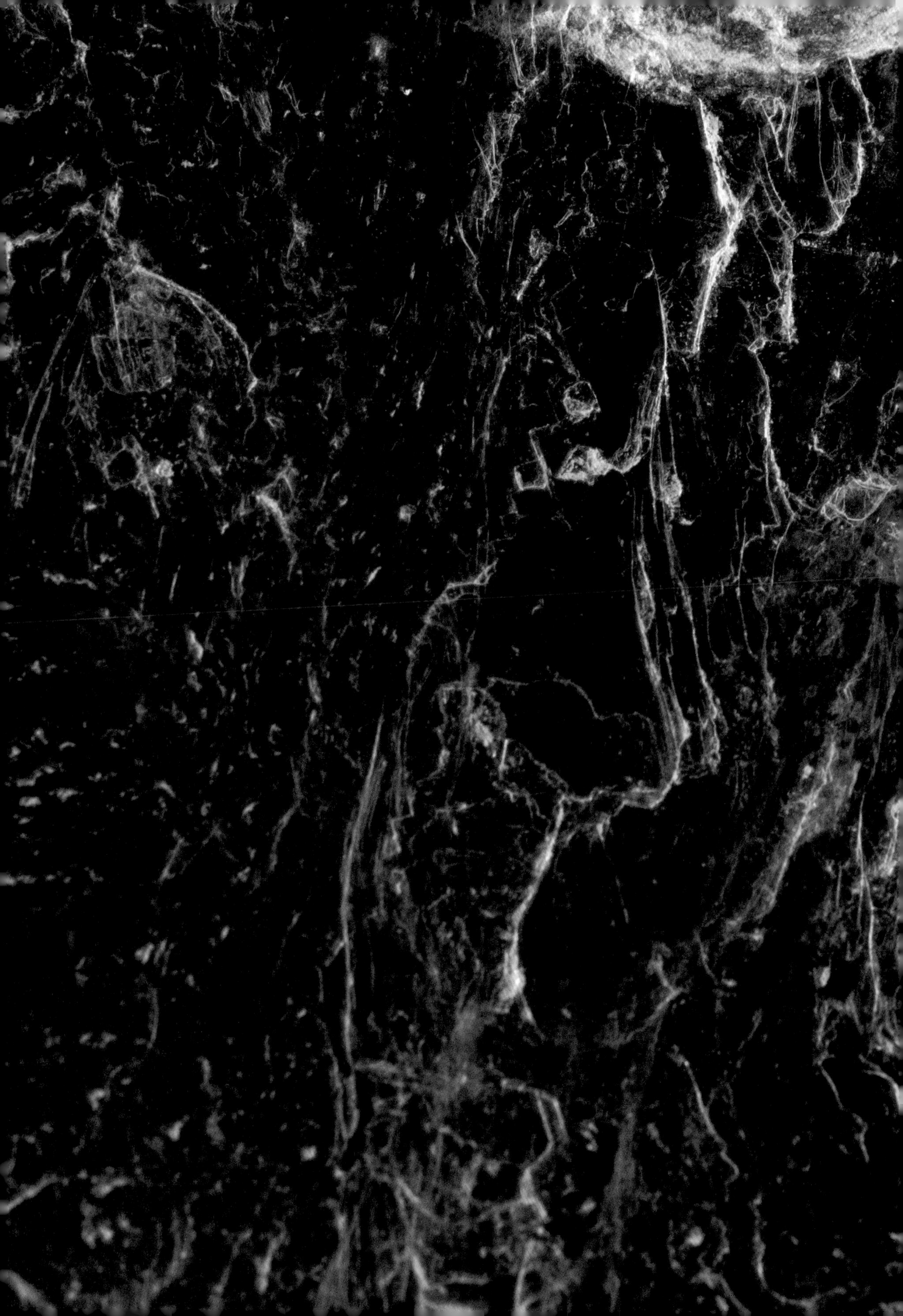

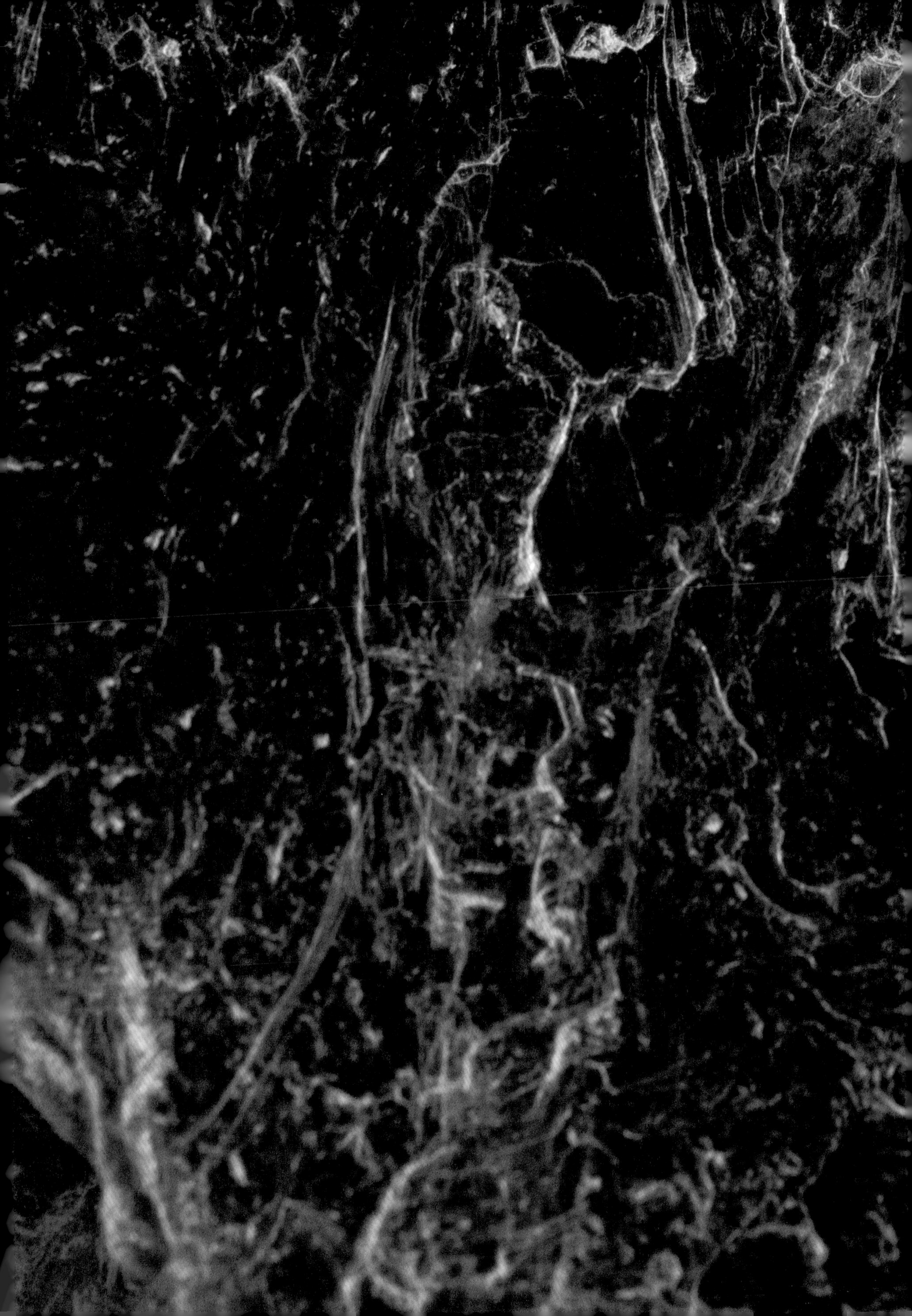

Blinder Freund, wieso schickst du mir eine Postkarte von meinem eigenen Haus, groß und leer, wo es mir von toten Tieren träumt? Schreibst mir, ich sei Kapitän in einer Werft, ohne Schiff, ohne Land.

Man sagt mir, ich sei ein Inder. Mein Name sei Khemji, sagt man mir. Das stört mich nicht. Zwar glaube ich mich zu kennen. Aber ich bin froh, dass ich keinen Grund habe, bequem zu werden. In Wahrheit liebe ich das Nichtstun, mag Ruhe und Stille, sitze herum und lasse die Gedanken an mir vorbeiziehen. Dann wird es heiß in mir. Nicht wie Fieber, weder in Wallung geratendes Blut noch Atem, der aufs Mal heftig wird. Die Augen weiten sich, die Sicht wird klar, der Unterkiefer drängt nach vorne, und mit der Spannkraft ihrer Muskeln machen sich die Hände bereit, Neues zu tun.

So muss sich der Kapitän fühlen, dessen Schiff endlich seeklar ist. Er steht auf der Brücke. Er hat die Richtung, in die er auslaufen will, genau im Blick. Die Nadel in seinem Kompass schwankt und zittert, seit der Hafenmeister mit dem Gehstock fuchtelnd die Seetüchtigkeit des Schiffes bemängelt hat. Aber er lässt weder den Kompass noch seine stehen gebliebene Taschenuhr reparieren. Er weiß, die See ist eigenwillig. Auf Sandbänken und Klippen zeigt sie nach der Flut ihr Werk.

Der Kapitän, der sein Schiff vor der Küste ankert, ins Beiboot steigt und sich durch die Brandung rudern lässt, erreicht das Land als kleiner Kapitän. Er ist ein Matrose, der zum Emporkömmling aufsteigt. Lässt er sich dagegen auf Grund treiben, setzt er sein gesamtes Mobiliar aufs Spiel. Er springt vom Bug, es schmerzen ihm die Knie, aber er ist da, betritt das Land, geht über Dünen und durch Wälder, durchdringt Dörfer, Höfe, Städte. Er sucht das Glück.

Es kommt mir daher gelegen, dass man mir sagt, ich sei ein anderer als der, der ich glaubte zu sein. Neues Leben zu entdecken hinterlässt eine Wunde, so, als würde ein ganzes Land vom Erdboden verschluckt, kaum dass du es verlassen hast. Das Jucken am Stumpf, wie nach einer Amputation, macht dich glücklich. Ich liebe das Glücklichsein.

Um herauszufinden, wie es sich anfühlt, Khemji genannt zu werden, schreibe ich einen Brief an eine Firma in Indien. Ich erzähle, dass ich Spuren meiner Vorfahren suche, die, wie man mir sagt, von dort stammen, und erkläre, dass es, das Diamantenhandelsunternehmen in Bombay, eine Jubiläumsschrift herausgegeben hat, »Indien von innen«, die ich gerne kaufen würde. Ich schließe den Brief mit meiner neuen Unterschrift, weicher Bleistift auf hellem Papier. Als die Antwort eines gewissen Herrn Direktor Mehta eintrifft und ich die Anrede lese, erschrecke ich vor Freude: »Sehr geehrter Herr Khemji«. Dass er ankündigt, er werde mir ein Exemplar des Buches schicken, verschafft mir Gewissheit. Er kennt mich zwar nicht, nimmt mich aber für denjenigen, der ich jetzt bin. Ich lege den Brief beiseite, ahnungslos, wie man als Khemji auf so etwas reagiert.

Man sagt mir, die Inder seien freundliche Menschen. Das heißt noch lange nicht, dass Herr Direktor Mehta das Buch schicken wird. Es könnte sein, dass er nur freundlich sein will.

Einige Tage später trifft das Paket ein. In einem weiteren Brief schreibt Herr Direktor Mehta: »In unserem Unternehmen haben wir immer bewusste Entschlüsse gefasst. Seit unseren bescheidenen Anfängen bauen wir Partnerschaften auf, uns geht es nicht ums Geschäft allein. Wir sind zuversichtlich, dass die Aufsätze und die Bilder in diesem Buch Sie auf eine Reise durch Indien mitnehmen und Emotionen wecken werden, die Ihnen den Geist unseres Unternehmens und aller Menschen, die bei uns arbeiten, näherbringen. Mit unserem Werk erbieten wir Ihnen die Essenz, für die wir stehen.« Auf dem Briefkopf steht in Prägedruck der Firmenleitspruch: »Ein Diamantenunternehmen mit Herz«.

Ich beginne, als Khemji zu träumen. Khemji spaziert durch eine Flur: silbrig graue Sträucher auf brauner Erde, der Himmel wie lila Malve, die Luft herb. Er erreicht eine Baustelle. Hinter der Absperrung und etlichen Warnschildern und Verbotstafeln stehen Geräte. Um diese herum, über den Boden verstreut, liegen Kabelrollen, Rohre, Sandsäcke und Pflastersteine, Werkzeug. Arbeiter haben ein großes unförmiges Loch gegraben und sind nach Hause gegangen. Khemji würde gerne auf die andere Seite gelangen. In den folgenden Tagen besucht er den Ort immer wieder. Die Grube ist jedes Mal verändert worden, die Sachen wurden verschoben. Wieder ist keiner da, die Baustelle unpassierbar. Gerade, als Khemji aufgeben will, bemerkt er, dass jemand eine Brücke aus Holzlatten und Seilen gespannt hat. Er sieht drüben vier Greise in dünnen weißen Baumwollkleidern. Sie stehen im hellen Schatten eines Baumes und winken ihm fröhlich zu: Komm herüber, komm nur! Sie haben gebügelte, hell leuchtende Kleider mitgebracht, ein langes weißes Hemd mit Stickereien aus weißem Garn und weite Hosen, die sie hin- und herschwenken und dann an den untersten Ast des Baumes hängen. Khemji denkt: Die würden mir gut stehen. Er hört das Laub rascheln. Doch die Blätter bewegen sich nicht. Die Greise fangen an zu singen, leise mit geschlossenen Augen, und Khemji fragt sich, warum sie in der Sprache singen, die seine Muttersprache war, bevor man ihm sagte, dass er ein Inder ist. Er steigt auf die Brücke, ganz langsam. Mit jedem Tritt, den er auf den schwankenden Latten macht, wird der Gesang und das Rascheln lauter, die Seile in seinen Händen zittern, heftig und immer heftiger. Mitten auf der Brücke bleibt er stehen.

In einem anderen Traum wohne ich in einem großen Haus. Hier lässt es sich in Ruhe leben. Alte Banyanbäume säumen das Gelände. Die Wiese ist mit Büschen und Sträuchern bewachsen, dem dornenreichen Shikakai und dem Schneebusch, der Stachelschweinblume und der Lorbeertraube. Eines Tages kommt ein Postbote und sagt: »Herr Khemji, hier ist ein Brief für Sie.« Als ich den Umschlag öffne, halte ich die Fotografie eines toten Elefanten in der Hand. Er liegt einsam da. Zwar, was ist schon dabei, einen toten Elefanten zu fotografieren. Wenn sie spüren, dass sie bald sterben, kehren sie an den Ort ihrer Herkunft zurück. Sie tot zu fotografieren bedeutet, dass man ihren Instinkt anerkennt. Wer auch immer mir die Fotografie geschickt hat, erinnert mich daran, dass es auch mit mir einmal so weit sein wird, sei dies als Khemji oder als derjenige, der ich davor war.

Vielleicht kann ich an mehr als einen Ort zurückkehren.

In jedem Traum tauchen Fragen auf. Sie türmen sich von Mal zu Mal, immer höher. Besonders, wenn tote Tiere vorkommen, Sumpfkrokodile und Wildschweine etwa. Wenn ich aufwache, fehlen mir die Begriffe, um sie aufzuschreiben, so sehr ich es versuche. Sie schmecken nach nichts, haben keinen Duft, schweben nicht in der Luft, klingen nicht. Aber sie sind aufdringlich.

»Indien von innen« ist eine querformatige Montage aus zahlreichen Fotografien und langen Texten. Sie zeigt Männer an schlanken Holzsäulen, Gymnastik treibend, und Frauen, die Wasser auf die Gedenktafeln ihrer Ahnen sprenkeln. Eine mit Henna verzierte Hand kämmt Kinderhaar. Auf Wandmalereien schießen berittene Männer mit Pfeil und Bogen auf behuftes Wild, Traktoren fahren über Maisfelder. Eine Hochzeitsgesellschaft sitzt auf einer Veranda, die Gäste essen Speisen aus silbernen Schalen und Tellern, trinken Joghurt aus Messingbechern. An den Wänden hängen farbenreich bestickte Decken mit eingenähten Spiegelchen. In einer Ecke unter dem Giebeldach ist ein Vogelnest und darunter die Eingangstür, auf deren Schwelle Reiskörner und Blumenblätter gestreut wurden. Bestimmt haben die Gäste fröhliche Lieder gesungen, sich geneckt und umarmt, Geschichten über ruhmreiche Vorfahren erzählt, ersehnte Nachkommen gepriesen. Während innen, im Schlafgemach, Braut und Bräutigam gewartet haben, um endlich am Hals des andern den Duft von Rosenöl zu riechen.

Ich fliege nach Indien und steige in ein Taxi. Die Fahrt nach S., der Stadt, aus der ich stamme, wie man mir sagt, dauert drei Stunden. Mein Fahrer, vermutlich in seinen Vierzigern, kurzes, angegrautes Haar, der Körper rund und klein, redet viel.

»Werter Herr«, setzt er an, »Sie wissen wahrscheinlich nichts darüber ...«

Ich sehe meinen abweisenden Blick im Rückspiegel.

»Glauben Sie mir, dies ist kein freies Land. Jeder nennt es eine Demokratie, die größte auf der Welt. Es stimmt, einst lebte man hier nachbarschaftlich zusammen. Aber diese Leute haben aus unserem Land ein Schlachtfeld gemacht. Ihre der Hölle entstiegenen Einflüsterer, die auf den Ministerstühlen Platz genommen haben und so tun, als sei der Himmel ihr Zuhause, ihre Schlägertrupps, sie alle hassen uns. Und warum?« Er sieht, dass er meine Aufmerksamkeit hat. »Weil wir nicht wollen, dass in Indiens Schulbüchern nur noch das eine steht, aber nicht mehr das andere. Sie brandmarken uns als Verräter, weil wir nicht das Gleiche essen wie sie. Sie schlitzen uns vor aller Augen die Hemden auf, um zu sehen, welches Zeichen an unserer Halskette hängt. Ich verschone Sie mit all den Fällen von Prügeln und Vergewaltigung, von Müttern, denen sie die ungeborenen Kinder aus dem Leib reißen. Unsere Geschäfte und unsere Häuser brennen sie nieder. An Plünderungen sind sie nicht interessiert, sie verabscheuen unser Hab und Gut genauso wie uns. Die Polizisten sehen grinsend zu. Wer Gerechtigkeit verlangt, macht sich zum Schlachtvieh. Der Staatspräsident schweigt, dabei ist er einer von uns. Werter Herr, wir sind rechtschaffene Bürger zweiter Klasse im eigenen Land. Wir üben uns in Nachsicht und Geduld. Aber wie lange sollen wir uns noch ins Gesicht treten lassen?«

Mein Kopf und Hals, meine Brust werden heiß und feucht, die Füße und Beine kalt und trocken. Ich kurble das Fenster herunter. Wir rasen an Blumenkohlfeldern vorbei, wilde Hunde springen uns vors Auto, der Fahrer hupt, ich wende mich um und sehe, wie sie uns hinterherkläffen. Das beruhigt mich.

Der Fahrer hält an einer Straßengabelung: »Hier ist S.« Er parkt unter einem blau-weißen Straßenschild und führt mich ins Teehäuschen.

Ich frage den Wirt: »Ist dies hier wirklich S.?«

»Was spielt das für eine Rolle«, gibt er zurück.

Bevor ich etwas sagen kann, sagt der Fahrer: »Der werte Herr lebt seit seiner Kindheit in einem Land weit weg von hier. Er ist zum ersten Mal in Indien.«

Wie gerne hätte ich beim Wirt den Eindruck erweckt, ein Inder zu sein, der in einem anderen Bundesstaat lebt und gut damit zurechtkommt, dass die Grenzen zwischen indischen Orten schwer zu benennen sind, und es in der Tat nicht wichtig ist, ob man in diesem Dorf oder in jener Stadt lebt. Wie recht Sie haben, möchte ich ihm sagen. Er würde mir, zufrieden mit dem, was er hört, zunicken.

Aber der Fahrer hat mich mit der Wahrheit bloßgestellt, und der Wirt fragt: »Woher nehmen Sie die Gewissheit, dass Ihre Familie von hier stammt?«

Da ich darauf keine andere Antwort habe als die, dass man mir sagt, ich sei ein Inder, rühme ich seinen Tee.

Auf dem Markt lerne ich einen Früchteverkäufer kennen, der schöne sechseckige Bleigewichte besitzt. 100, 200, 500, 1000 und 2000 Gramm. Ich will sie ihm abkaufen, doch er schickt einen Laufburschen los, um für mich die gleichen Gewichte bei einem Kaufmann in einer der hinteren Gassen zu holen. Der Früchteverkäufer fragt mich nach meinem Namen, und ich antworte ohne zu zögern. Er nickt beiläufig. Am Abend, als ich wieder bei ihm vorbeischaue, lädt er mich zu sich nach Hause ein. Wir gehen schweigend durch die Gassen, dann eine Steigung hoch, auf einen Weg, wo Hühner unter den abgestellten Karren der fliegenden Händler nach Würmern picken. Wir treten durch eine Holztür in den Innenhof seines Daheims. In Tontöpfen gedeihen Kräuter und Blumen. Zuhinterst im Hof steht eine kleine handbetriebene Kornmühle aus zwei übereinanderliegenden Mühlsteinen, rund und dick und groß genug, um den Wochenbedarf an Mehl für eine fünfköpfige Familie zu mahlen. In der linken Hofhälfte ist der Boden um eine Handbreit erhöht. Hier, auf einer gepolsterten Schaukel, darf ich Platz nehmen. Der Früchtehändler und seine Frau setzen sich auf den Lehmboden.

»Sie war siebzehn«, erzählt er, »ich sechzehn. An den freien Nachmittagen half ich den Bauern auf dem Feld. Eines Tages stellte sie uns Tee und Gebäck unter den Ruhebaum. Noch am selben Abend bat ich meine Eltern, um ihre Hand anzuhalten. Mutter rollte, um die Dämonen fernzuhalten, die Handrücken über meine Schläfen und dann über ihre eigenen. Vater sagte: ›Geh, mein Sohn, leg dich schlafen. Morgen kümmern wir uns darum.‹ Nach unserer Heirat habe ich dieses Haus gekauft. Unsere Kinder sind hier geboren. Es gibt keinen größeren Segen.«

Seine Frau geht ins Haus und kommt nach einer Weile mit Krapfen und Getränken zurück: »Jetzt kommen

Sie erst einmal richtig an.« Ihr Mann erzählt ihr, dass ich Gewichtsteine gekauft habe. Sie mustert mich wie eine Krankenschwester einen fiebrigen Patienten, dem man vergessen hat, Wasser zu geben. Sie nehmen mich im Kreise ihrer Familie auf und nennen mich fortan Khemji.

Morgens macht der Früchteverkäufer das Frühstück, während seine Frau den Kindern die Schuluniform anzieht. Es gibt in geklärter Butter gebratene Bananenscheiben mit Kardamom und Zimtrinde sowie Fladenbrot aus Vollkornmehl, oft auch Omeletten mit fein gehackten Zwiebeln, Ingwer und Bockshornklee. Danach begleiten er und ich die Kinder zur Schule und gehen weiter durch die Gassen zum Marktplatz. Dort, jeden Tag an der gleichen Stelle, legt der Früchteverkäufer ein Tuch auf den Boden und bildet mit seinen Jackfrüchten, Papayas und Limetten drei Haufen. Wir setzen uns auf unsere Schemel, er auf seinen und ich auf einen, den er für mich besorgt hat.

Meine Ankunft hat die anderen Händler neugierig gemacht. Sie besuchen uns, wir besuchen sie. Der Kahlrasierte mit den Räucherstäbchen erzählt, es habe eine Zeit gegeben, da wäre er gern fortgegangen, nach Bombay oder Delhi, sei aber nach Kalkutta gefahren, wo er davon träumte, Alteisen in alle Welt zu verschiffen und mit dem Geld ein Haus zu kaufen, Wächter und Diener anzustellen. Dann aber sei sein älterer Bruder vom Dach gefallen und gestorben. »Nach meiner Rückkehr nach S. habe ich mir das Kopfhaar abrasiert und Arbeit gesucht, damit ich für die Witwe meines Bruders sorgen kann.« Er hat den kleinen Laden gepachtet, wo er nun inmitten der Düfte von Sandelholz und Moschus, Himmelsbaum und Magnolie sitzt. So sei er eben immer noch Händler, bloß verkaufe er jetzt keine harte Ware mehr, sondern ätherische. Sein Bruder habe ihm durch den Sturz vom Dach ermöglicht, sich der Vorherbestimmung zu fügen.

Der Goldschmied, ein älterer, von allen geachteter Herr, spricht wenig. Das sei nicht so, weil er reich ist: »Wir haben es seiner Weisheit zu verdanken, dass es in S. nie zu Schutzgelderpressungen oder Brandschatzungen kommt«, erklärt mir der Schuhhändler, der Fälschungen ausländischer Sportmarken verkauft. Als ich ihn deswegen aufziehe, erzählt er seine Legende von dem bleichen Mann, der eines Tages in S. aufgetaucht sei und Dutzende Paar Schuhe gekauft habe. Monate später seien in den indischen Zeitungen Anzeigen erschienen, in denen genau diese Schuhe als »Made in America« angepriesen wurden. Der Schuhhändler holt einen Ausriss hervor: königsblaue Sterne und rotweiße Streifen im Hintergrund und, in einer Vignette gleich neben dem Preis, das Wort »Importqualität«.

»Sehen Sie, Khemji«, schmunzelt er, »die Amerikaner machen Werbung für mich.«

Keiner von ihnen bezweifelt meinen Namen.

Eines Abends erzähle ich dem Früchteverkäufer und seiner Frau von einem Erlebnis, das ich jede Nacht seit meiner Ankunft in S. träume: Ich stehe in einer Einöde auf festem Sandboden. Ich bin barfuß, schlank, kräftig, groß, ganz in Weiß gekleidet. Auf meinem Gesicht wuchern Bartstoppeln, die Augenbrauen sind ein Dornendickicht, das Haar ist zerzaust und verfilzt. Neben mir steht mein braun-weiß gefleckter Kathiawari-Hengst. Er schielt zu mir. Die Ohren hat er aufgestellt, spitzer als sie ohnehin sind, und reckt den Hals. Wind weht durch seine seidige Mähne und den Schweif, der hin- und herschwingt. Der Hengst denkt: Wie gern würde ich zum Himmel fliegen! Ich steige auf seinen Rücken und reite los. Die ersten Schritte gemächlich, dann schneller und leichter und noch schneller und immer leichter, bis die Hufe unter mir Pinselstriche sind.

Hier und da bleiben wir stehen. Wir gründen Siedlungen, bauen Häuser und Ställe, bevölkern die Orte. Dörfer und Städte entstehen, es gibt Licht, Wasser, Verwaltung, Schulen.

Zurück in der Wildnis ziehe ich die Zügel, steige vom Pferd und stelle mich in die Mitte eines Pavillons, der weder Geländer noch Schnörkel, noch Verzierungen hat. Ich strecke die Arme aus, das Pferd schnaubt, und ich beginne, mich um meine Achse zu drehen. Da nähert sich mir eine kleine Armee, Frauen und Männer mit rot unterlaufenen Augen und Macheten und Sicheln in den Händen. Von der anderen Seite taucht eine zweite Armee auf, auch dort haben Männer und Frauen Symbole auf die Stirn und die Oberarme gemalt, sie schwingen Ketten und Eisenstangen. Die beiden Gruppen brechen aufeinander los und stoßen vor dem Pavillon zusammen. Ich drehe mich immer schneller, so dass die Soldatinnen und Soldaten durch meinen Sog herumgewirbelt werden. Die Mähne meines Hengstes flattert. Nach einer Weile stehe ich still. Die Armeen sind fort.

Später, es ist Nacht geworden, sind wir wieder unter uns, das Pferd und ich. Wir sitzen am Lagerfeuer. Aus der Ferne dringt ein Klang. Es sind Hände, die über die Ziegenhaut einer Tabla-Trommel wischen, immer lauter. Mein Hengst und ich tanzen einen entfesselten Reigen. Aus der Dunkelheit nähert sich ein Hubschrauber. Es ist die Grenzwache, sie fahndet nach Schmugglern und Schleusern. Der Pilot seufzt, als er uns im Lichtkegel des Scheinwerfers sieht: »Womit habe ich das verdient? Nach all den Dienstjahren muss ich mich mit so etwas herumschlagen.« Da tritt aus einem Gebüsch eine Gazelle. Als der Pilot sie sieht, ihr sandfarben schimmerndes Fell, gerät sein Herz aus dem Takt: »Ich würde sie essen«, sagt er, »auch wenn sie nicht von hier wäre. Wahrlich, ich würde es tun. Die Götter tun es ja auch.« Aber er fliegt zurück zum Stützpunkt und meldet keine besonderen Vorkommnisse. Durch den schwarzen Himmel dringt das geschäftige Räuspern des Tabla-Spielers. Zu seinem Wischen und Schlagen stechen Flammen aus unserem Lagerfeuer, und ich, Khemji, reiße mir die weißen Kleider vom Leib und verbrenne sie. Meinem Hengst, meinem lieben Hengst, beben die Nüstern.

Der Früchteverkäufer und seine Ehefrau blicken einander in die Augen. Dann sagen sie: »Sie träumen ganze Ozeane. Uns genügen die nahen Teiche. Doch für heilige Waschungen sind sie zu klein.« – »Wer kennt

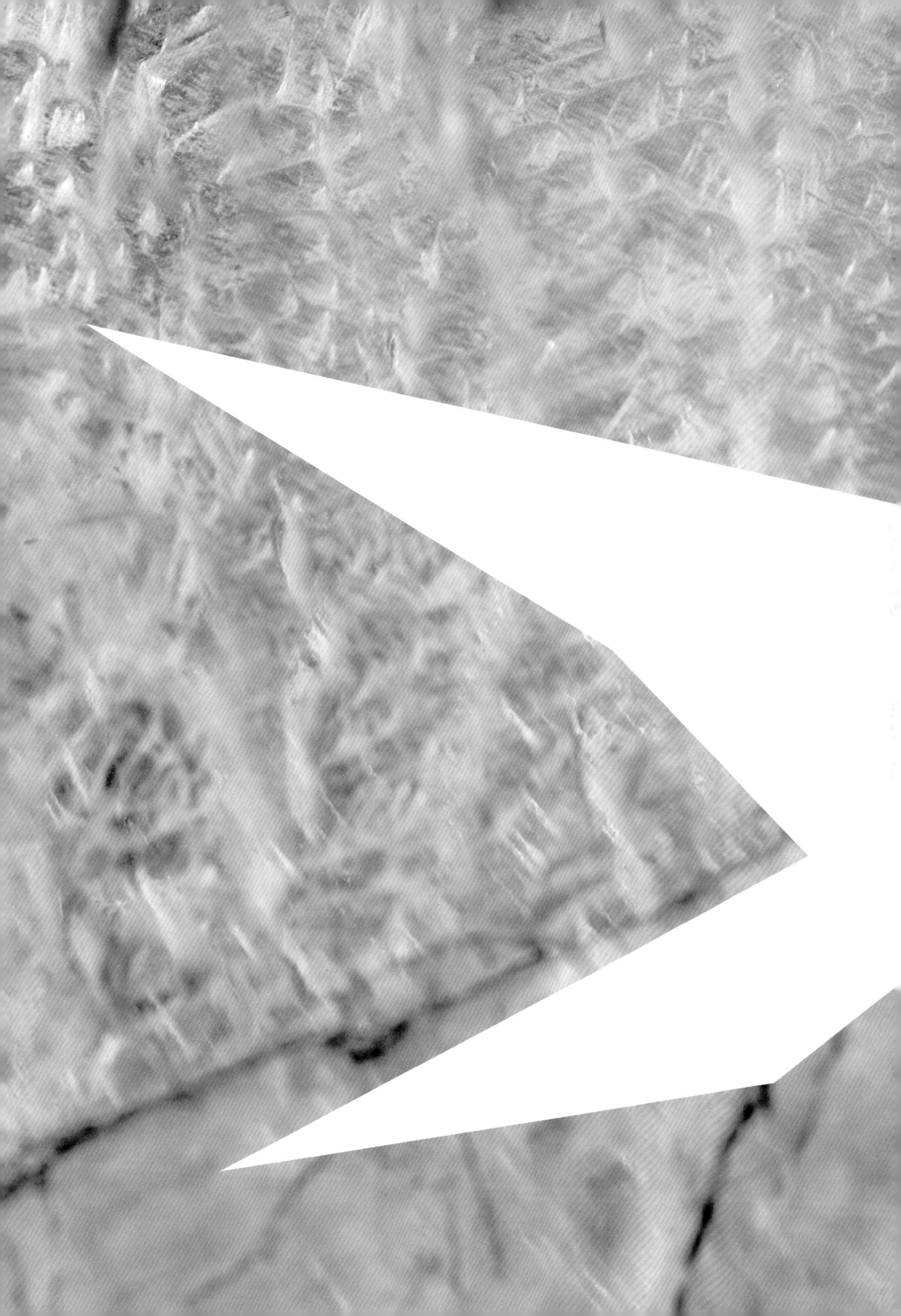

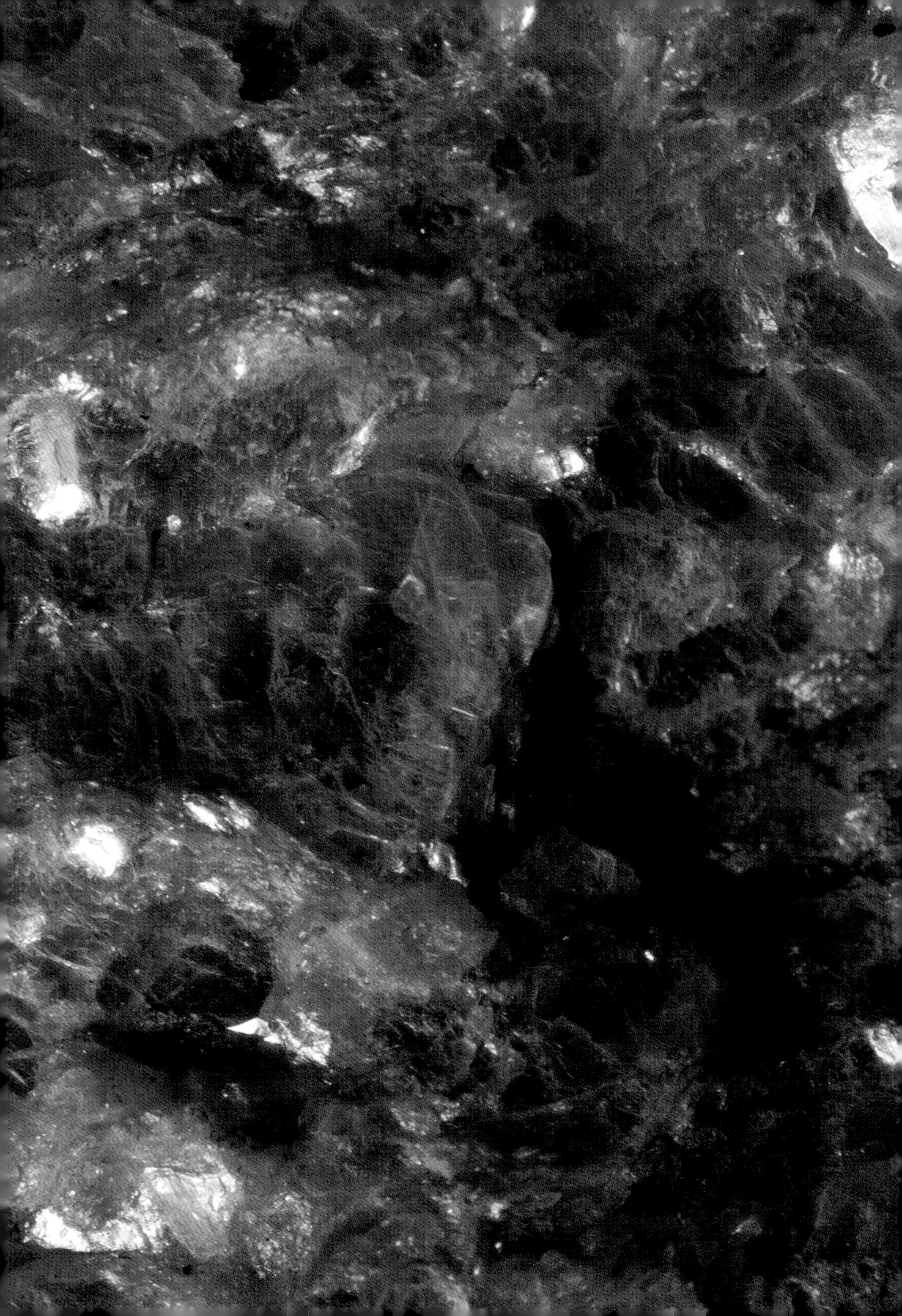

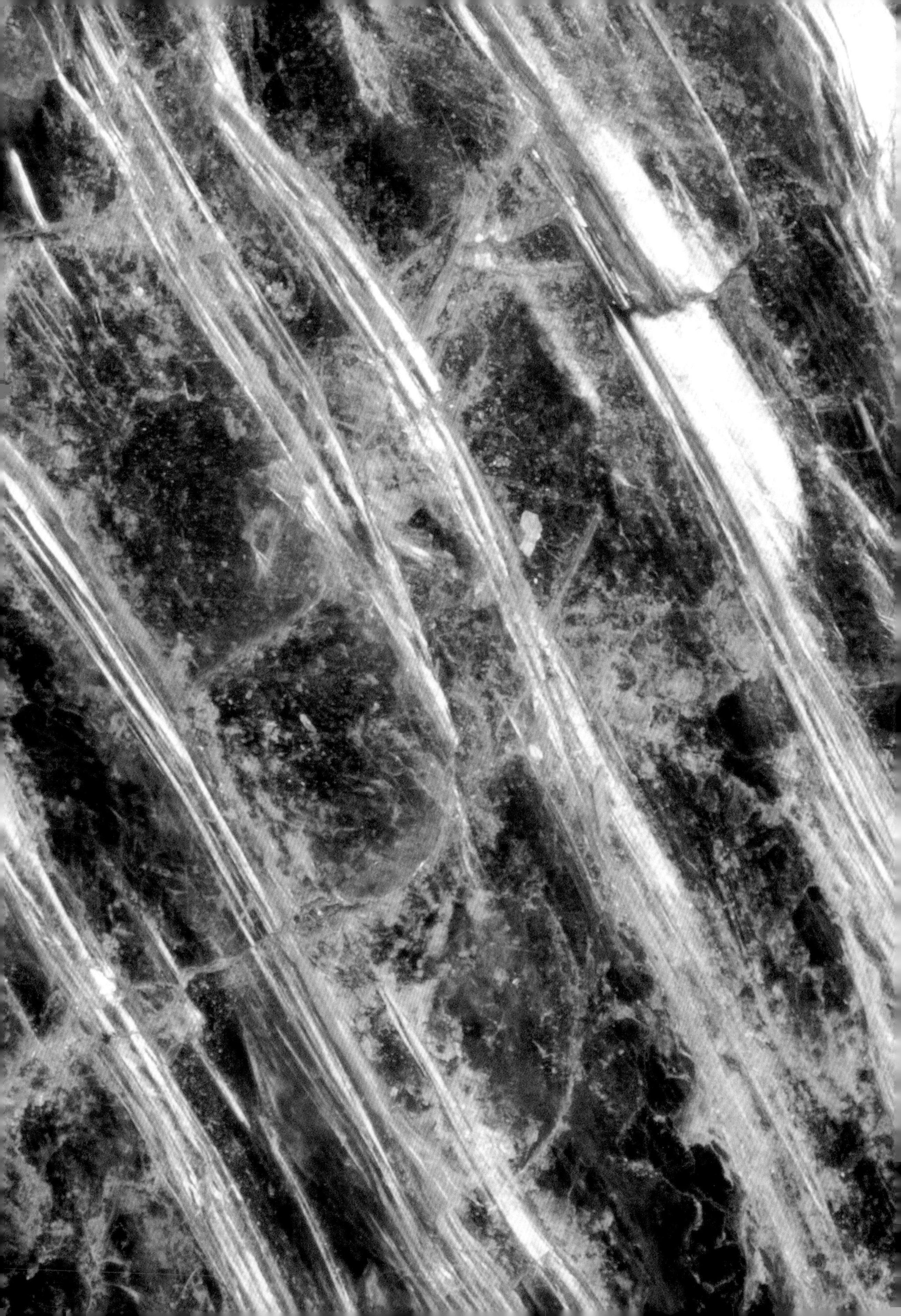

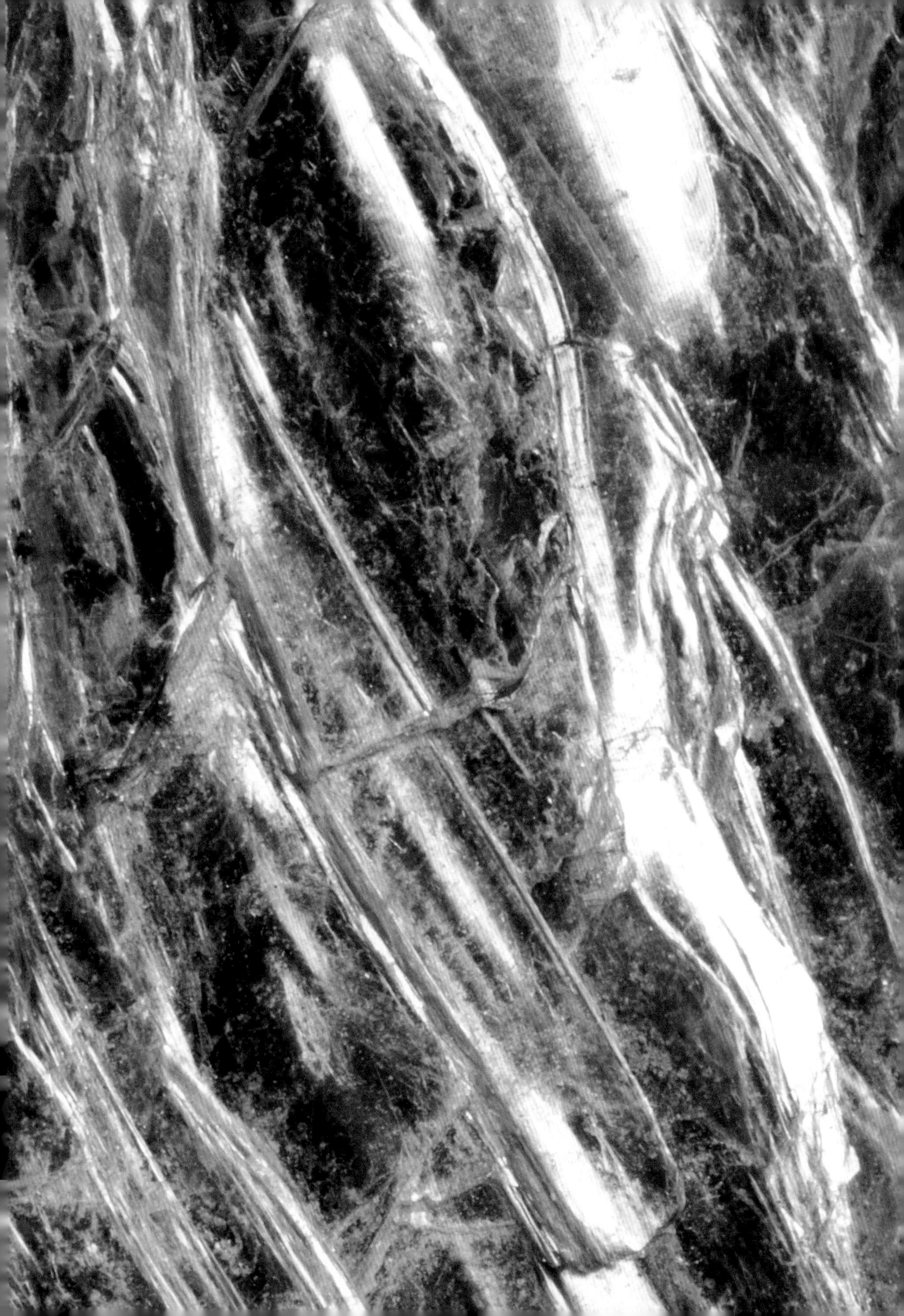

ihn nicht, den Wunsch in der Brust, dass in der zweiten Schale gleich viel Gewicht liegen möge wie in der ersten.« – »Zu große Lieder erschrecken die kleinen Vögel. Zu helles Licht verbrennt die zarten Pflanzen.« – »Wenn die Götter tanzen, müssen wir deshalb fragen: Fordern sie uns zum Tanz auf, oder ist es eine Ermahnung?« – »Ein Gast kann nicht wissen, wann es besser ist aufzuhören.« – »Und Zeit, in sein eigenes Haus zurückzukehren.«

Ich ziehe in eine Herberge. Am dritten Tag bemerke ich neben meinem Bauchnabel einen Furunkel, groß und gezackt wie eine antike Münze. Er tut nur schon weh, wenn mein Finger in seine Nähe kommt. In seiner Mitte pulsiert es, die Farbe ändert sich von Stunde zu Stunde. Am fünften Tag ist er ein Ungetüm aus hartem Eiter. Ich wünschte, er würde von selbst platzen. Ich gehe hinunter in die Kneipe und verlange indischen Schnaps. Aber der Wirt sagt, dies sei eine trockene Stadt. Die Große Seele sei mit seinem Gefolge hier durchmarschiert, seither gelte Alkoholverbot. Um sieben Uhr am nächsten Morgen fülle ich im Städtischen Krankenhaus eine Anmeldekarte aus. Die Angestellte am Schalter legt sie in eine Schublade und kassiert die

Vorauszahlung. Sie schickt mich in den Wartebereich, wo eine Stationsschwester mit dem Finger auf meinen Furunkel drückt und mit einer Krähenstimme, die nur im Bariton krächzen kann, jemanden herbeiruft, einen großen schweren Herrn mit dicken Brillengläsern, das Haar zu einer steilen Welle frisiert, ohne Bart, jedoch mit langen Koteletten an schlaffen Wangen. Er sei der Chirurg, sagt sie. Ich folge ihr zur Umkleide, wo, als ich die Hosen ausziehe, mein Reisepass aus der Tasche fällt. Der gehört einem Fremden, denke ich mir, werfe ihn in einen Abfallsack und ziehe den Patientenkittel an.

Im Operationssaal setzt mir die Schwester eine Narkosespritze. »Schnipp, Schnapp«, sagt der Chirurg, »und Ihr Bauch-Chakra wird sich wieder benehmen.« Während er mit dem Skalpell über meine Haut fährt, singt er das Titellied eines indischen Filmklassikers aus den 1970er-Jahren: »Manchmal-manchmal, ganz allein, weiß mein Herz, du bist mein, mein allein. Mit Zauberstab aus Sternenstaub, für mich allein, das weiß mein Herz, von Zeit zu Zeit.«

Nach der Operation schiebt mich die Schwester in ein Zimmer mit fünf anderen Patienten. Vier von ihnen stehen nach dem Abendessen auf, gehen zum Fünften, lösen die Bremsen seines Bettes, rollen es neben meines und schalten die Leselampe ein. Der Erste stellt sich mir als Bevölkerungsbiologe vor: »Meine Zunge spricht wieder Worte mit Gewicht, seit der Chirurg die Schwingung in meinem Beckenboden ins Lot gebracht hat.« In zwei Wochen werde er sich wieder auf seinen Lehrstuhl setzen können, sagt der Zweite: »Studenten im ganzen Land warten nur darauf, dass sie zu seinen Vorlesungen pilgern können. Übrigens, bei mir waren es die Stimmbänder«, fügt er hinzu. Er sei Bäckermeister und habe seinen Teig nicht mehr rezeptgemäß geknetet, erklärt der Dritte. Dieser ist ein Zeitungsdrucker. »Seit der Chirurg meine Gesichtsnerven repariert hat, habe ich unter den Augen und in den Mundwinkeln keine Zuckungen mehr, wenn ich die Wahrheit in Bleibuchstaben setze.« Wahrheit und Wirklichkeit, sagt nun der Vierte, gerieten eben durcheinander, wenn man kein wachsames Auge habe: »Konvex gegen Konkav«, sagt er, »meine Hornhaut war plötzlich umgestülpt.«

Der Erste legt dem Vierten die Hand auf die Schulter: »Doch unser Chirurg hat alles wieder in Ordnung gebracht.« Sie hätten gehört, sagt er, dass ich an unheilbarer Mythomanie erkrankt sei. Doch da zeigt mir der

Fünfte, der Herangerollte, einen Stapel Zeichnungen mit Linien und eckigen Doppelhaken. Die anderen vier ziehen ihm das Krankenhaushemd aus. Sein Körper ist mit indigoblauen Textbändern aus der jahrtausendealten Palmblattbibliothek volltätowiert, den Vorherbestimmungen aller Seelen im Diesseits und im Jenseits, verfasst in den antiken Sprachen Sanskrit und Alt-Tamil. »Der gute Chirurg hat eine lausige Schrift«, sagt einer der anderen vier, »aber die Tätowierungen sind absolut wahr. Jede einzelne.« Dann schreit der Herangerollte: »Verstehen Sie denn nicht, verdammt noch mal, es gibt keine andere Wahrheit als diese eine!«

Nach zwei Tagen darf ich gehen.

Lieber blinder Freund, wieder sagst du mir, wer ich bin. Weder Kanonier noch jemandes Sklave, sondern Kapitän in einer Werft. Ohne Schiff und ohne Land.

An der Kreuzung mit dem blau-weißen Schild stehen die Reisebusse, dunkelgrün lackierte Kisten auf schulterhohen, prallen Rädern. Die Morgenluft ist kühl. Ich will nach I. fahren, sehen, wie es den Menschen geht, seit ihre Stadt sich von der Pest erholt hat. Im Teehäuschen hockt derselbe Taxifahrer, der mich vom Flughafen hierhergebracht hat. Der mit der Zornesfalte auf der Stirn. Er plaudert mit den Busfahrern und isst ihre Kekse.

Als er mich sieht, springt er auf: »Wohin wollen Sie?«

»Ich will nach I.«

»Da gibt es nichts zu sehen. Außer den Übeltätern natürlich. Die haben dort, das wissen Sie wohl nicht, nach der großen Beregnung, wie die es nennen, ihr Hauptquartier errichtet.«

Jetzt fängt er schon wieder damit an. Ich gehe meines Weges, doch er folgt mir.

»Sie drucken dort neue Schulbücher und Pamphlete. Wissen Sie, was sie darin verbreiten? Ich sage es Ihnen: Indien sei einzig für Leute wie sie erschaffen worden, von den Göttern höchstpersönlich, für niemanden sonst. Das müssen die Kinder am Morgen vor dem ersten Unterricht singen und ein zweites Mal am Nachmittag, bevor sie nach Hause dürfen. Landauf, landab. Weigert sich ein Kind, bekommt es Stockhiebe auf die Finger.«

»Ich nehme den Bus«, sage ich.

»Die Gesinnung dieser Leute ist eine kurze Leine und eine lange Peitsche, beides in einem. Wirtschaftsverbände, Polizei, Gerichte, Spitäler, die Armee, Schulen, Universitäten, alle haben sie sich gefügig gemacht, und das mit dem einzigen Ziel, uns auszuhungern.« Er ist beleidigt: »Herr Khemji, die Straßen sind voller Schlaglöcher. Außerdem, die Busfahrer nehmen Drogen, Sie werden verunfallen. Kommen Sie, mein Taxi ist vollgetankt.«

»Ich habe keine Angst.«

Der Taxifahrer springt mir mit einem Ruck vor die Füße, wirbelt Sand und Kies auf, wirft die Arme in die Luft, ob zum Flehen oder zum Fluchen weiß ich nicht, und geht mit energischen Schritten zurück ins Teehäuschen, um den anderen Fahrern zu erzählen, was für ein Idiot ich sei. Dabei sei er es doch, der es gut mit mir meint, sonst keiner.

Der Schaffner steht vor dem Einstieg. Ich bitte ihn um eine Fahrkarte.

»Der Bus ist voll.« Er sieht gar nicht erst auf. Ich sehe leere Sitze, aber bevor ich etwas sagen kann, sagt er: »Die sind alle reserviert.«

»Ich werde stehen.«

»Das ist verboten.« Er starrt mir ins Gesicht: »Können Sie sich ausweisen? Nein? Regeln sind Regeln. Kein Ausweis, keine Fahrkarte, kein Platz, kein Einsteigen.« Er steigt ein, und während hinter ihm die Tür zuklappt, höre ich, wie er dem Fahrer etwas zuruft. Der Motor springt an, und weg ist mein Bus nach I.

Als der Staub und das Dieselgestöber sich gelegt haben, spüre ich die rechte Hand eines Kindes in meiner linken und die linke eines anderen Kindes in meiner rechten Hand. Meine Kopfhaut entspannt sich und auch mein Unterkiefer und meine Knie. Wir stehen eine Weile da, sehen Busse kommen und gehen. Reisende steigen ein und aus, schleppen Gepäck über Zigarettenstummel und Sandwichhälften.

Ich frage den Jungen: »Wie heißt du?«

»Mein Name ist Khemji.«

Ich frage das Mädchen: »Wie heißt du?«

»Khemji ist mein Name.«

Sie ziehen mich durch die Gassen zum See und dort über eine Pontonbrücke in ein wogendes Bootshaus, wo ein Marionettentheater aufgebaut ist. Holzstaub weht gemächlich über die Köpfe der Kinderschar. Im Saal wird es dunkel, das Rampenlicht geht an. Plattformen schweben über dem Bühnenboden, links und rechts schimmern Vorhänge in wilden Farben. Der Himmel glimmt und dreht sich wie das Innere eines Kaleidoskops. Zwei Marionetten, ein Junge und ein Mädchen, betreten in Zeitlupe eine der Plattformen. Man sieht nur die Umrisse ihrer Körper. Rechts im Hintergrund steht ein Mann. Auch sein Gesicht sieht man nicht. Er macht ein paar Schritte zur Bühnenmitte, geschmeidig, langsam. Seine Schultern ziehen nach hinten, die Haare auf dem Kopf drücken nach vorne. Er trägt Anzug und Krawatte, das Revers seines Jacketts ist übersät mit angesteckten Symbolen und Signeten. Sein Gesicht ist leer, es hat weder eine Nase noch einen Mund, weder Augen noch Brauen, keinerlei Linien, und ist auf die Kinder gerichtet. So vergeht eine Viertelstunde. Erst jetzt fällt mir auf, dass auch die Kinder ohne Gesicht sind.

Sie winken den Mann heran und führen ihn über ein Meer aus Notizheftchen voller Kritzeleien, durch einen Wald aus umgekehrten Bäumen und schließlich hinein in ein Gebirge aus Wolken. Dann tauchen sie wieder auf. Der Junge und das Mädchen tanzen Ringelreihe um den Mann herum und dieser in entgegengesetzter Richtung um seine eigene Achse.

Auf einmal bleiben sie stehen. Aus dem Unterbau der Bühne ertönen die panischen Schreie von Kindern und Erwachsenen. Der Junge hält eine Laterne in die Höhe, und nun sieht man sein Haar und das Haar des Mädchens in Flammen. Plötzlich, als hätte es jemand befohlen, hat das Mädchen Mund, Nase, Augen, Wimpern, Brauen und Ohren. Der Junge sieht sie an und bekommt auf einen Schlag dasselbe Gesicht wie sie, sogleich auch der Mann. Die Augen und Münder der Figuren sind weit aufgerissen. Aufs Mal hat der Junge ein neues Gesicht. Sofort bekommen es auch das Mädchen und der Mann, dessen Gesicht sich daraufhin erneut ändert. Dasselbe geschieht beim Jungen und beim Mädchen. So geht es unzählige Male. Dann, mit einem Knall, öffnet sich eine Fallklappe, und die drei Figuren stürzen in den Abgrund. Die Klappe geht zu, die Schreie verstummen, der Vorhang fällt, der Applaus tost.

Die Lichter gehen an, und der Raum leert sich.

Draußen fragen mich das Mädchen und der Junge: »Wie heißt du?«

»Ich heiße Khemji«, sage ich erfreut über die Namensgleichheit.

Da verspotten sie mich: »Räuber, du bist ein Räuber!« Sie lachen und verschwinden in der Menschenmenge.

Im Zentrum von S. steht ein Haus mit drei Stockwerken. Es ist lang, hat ein flaches Dach und hohe Fenster. Es ist nicht beschriftet. Vielleicht ist es ein Amts- oder Schulhaus, allenfalls eine Versicherungsgesellschaft, bestimmt aber weder ein Kaufhaus noch ein Museum. Seine Mauern sind ein lückenloses Gefüge aus Sandsteinquadern. Die Tür befindet sich in der symmetrischen Mitte der Hauslänge und bildet mit der Fassade eine glatte Fläche. Es gibt keine Glocke, aber ein Schloss, jedoch ohne Knauf oder Griff. Eine Handbreit links neben dem Schloss hängt ein Spiegel. Er reicht vom Boden bis zur Linie zwischen Erdgeschoss und erstem Stock, in seiner Länge verläuft er bis zur Hausecke, um die er sich mit einer engen Biegung schmiegt und erst nach weiteren zehn Metern endet. Gehe ich auf dem Markt Brot und Fleisch holen, sehe ich mich in ihm. Zuerst groß, bald aber, kurz vor der Ecke, bin ich nur noch ein senkrechter Strich, der immer dünner wird. Manchmal mache ich einen Schritt so knapp wie ein Haarbreit und löse mich auf.

Eines Tages nähert sich ein Sattelschlepper. Er fährt im Schritttempo. Im Spiegel verdoppelt er sich, wie das Puffen seiner Stoßdämpfer im Widerhall der Hausmauern. Mehr und mehr Menschen versammeln sich am Straßenrand, jubeln ihm zu. Denn auf seiner Ladefläche stehen neben- und aufeinander unzählige Käfige. In einigen hat es Hasen, in anderen Hyänen und Wölfe, Wasserbüffel und Nilgaiantilopen. Ich stelle mich zu den Menschen und schwinge mich ein in ihr Wogen.

Eine Frau neben mir lächelt mich voller Entzücken an: »Wir sind eins! Endlich sind wir eins!«

Ich lächle zurück und frage, was diese Parade zu bedeuten hat.

»Jetzt wird alles gut«, ruft sie zurück.

Zwischen den Käfigstangen sehe ich mein Spiegelbild in der Menschenmenge. Ich lächle, es lächelt zurück. Doch dann erkenne ich im Spiegel einen Hinterkopf. Er gehört dem Taxifahrer. Sein Gesicht schreit vor Entsetzen. Er fuchtelt mit beiden Armen, als wollte er mir sagen, ich solle weg von diesen Leuten.

Gestern ist er mir wieder durch die Gassen gefolgt. Ich wollte mich mit einem Gemüsehändler unterhalten, da drängte er mich zur Seite und fing mit lauter Stimme an, die Ware zu bemängeln und zu feilschen. Ich ging weiter. Auf einem Platz bewunderte ich die Schönheit einer zerfallenden Statue. Da schimpfte er: »Nichts hat Bestand unter der Herrschaft dieser Leute!«

Ich sehe den Mund der Frau neben mir. Er öffnet und schließt sich, aber die Stimme ertrinkt im Getöse aus Rufen der Erbauung und Erhöhung. Die Tiere springen von einer Seite zur anderen. Sind sie uns zugewandt, zittern sie und sträuben ihr Fell. An der anderen Käfigseite reißen sie die Augen auf, heulen und röhren und bellen, kaum dass sie sich im Spiegel an der Hausmauer erblicken: Tiere auf einem Sattelschlepper mit einer jauchzenden Menschenmenge im Hintergrund. So taumeln sie hin und her. Bis sie, eines nach dem anderen, tot umfallen.

Die Menschen bewerfen sich mit Festtagssüßigkeiten.

Plötzlich zeigt ein Mann auf mich. Er brüllt: »Der da hat sich den Namen genommen. Unseren ureigenen Namen!«

Ich mache ein freundschaftliches Gesicht: »Erkennt ihr mich nicht? Ich bin es, euer Khemji.«

Doch nun beschuldigt mich die Frau, die eben noch mit mir gefeiert hat, die Cousine eines ehemaligen Arbeitskollegen verführt zu haben, der mit einer ihrer Schwägerinnen väterlicherseits verwandt sei. Die Menschenmenge verstummt und bildet einen Ring um mich. Vorne stehen sie so dicht zusammen, dass die dahinter aussehen wie ein Meer aus Köpfen und Sandalen, verdoppelt im Spiegel, der jetzt auch die Vergehen, die man mir anlastet, doppelt bezeugt. Ich bin zweifach auf mich alleine gestellt, meine Spiegelung halbiert mich.

Der Spiegel ist Zeuge der anderen. Nicht meiner.

Das Zischeln, erst tief und leise, schwillt zu einem Grollen an. Eine glühende Zigarette landet auf meinen Schuhen, zerknülltes Papier trifft meine Stirn. Steine schlagen gegen meinen Bauch und meinen Rücken.

In dem runden Wall bricht eine Lücke auf. Polizisten mit Bambusstöcken rücken an. Sie legen mich in Handschellen, führen mich ab, über die Straße, um die Biegung des Spiegels und hinein in das Haus mit den glatten Mauern und den Fenstern, die, wie ich jetzt bemerke, dunkelgrau getönt sind. Die Polizisten stoßen mich in ein Zimmer und verschwinden. Auch das Licht ist grau.

Niemand kommt, um mich zu verhören. Dies hier muss ein Schutzraum sein. Bestimmt hat mich die Meute im Rausch mit einem Fremden verwechselt. Ich wollte die Cousine des früheren Arbeitskollegen gar nicht verführen. Der weiß anscheinend nicht, dass sie nicht nur mit mir, sondern mit allen Männern in der Kneipe unter der Herberge lacht und tanzt. Außerdem habe ich mir den Namen Khemji nicht genommen. Er wurde mir ja gegeben.

Ich werde im Morgengrauen abgeholt. Man fährt mich zur Polizeiwache, einem jämmerlichen Haus am Stadtrand.

Der Wachtmeister bietet mir eine Tasse Tee an: »Es ist Ihnen nicht erlaubt, durch unsere Stadt zu spazieren und zu behaupten, Sie seien von hier.«

»Man hat mir gesagt, ich sei es.«

»Das war eine Erscheinung unserer Mutter. Sie gebärt alles, zu ihr kehrt alles zurück.«

»Es waren mehrere Stimmen.«

»Sie übertreibt gerne.«

»Es wurde mir bestätigt.«

»Von wem?«

»Herrn Direktor Mehta. Er hat mir ein Buch geschickt, ›Indien von innen‹, und einen Brief, in dem er mich mit meinem Namen anspricht.«

»Es gibt viele, die so heißen, Khemji, Mehta. Gibt es überhaupt jemanden, der nicht so heißt? Sie alle wohnen in S. oder in I., manche an beiden Orten.«

»Er ist ein hochrangiger Angestellter der größten Diamantenfirma in Bombay.«

»Mumbai.«

»Ich möchte mit ihm telefonieren. Er wird bezeugen, dass ich Khemji bin.« Ich gebe dem Wachtmeister die Nummer. Er tippt sie ein und reicht mir den Hörer.

»Herr Direktor Mehta, Khemji hier, wie gut, dass ich Sie erreiche.«

»Willkommen in Indien, lieber Khemji! Wie geht es Ihnen, wo sind Sie? Ich habe Sie schon erwartet.«

Von meinem Magen, meinem Kiefer, der Kopfhaut und den Knien fällt die Anspannung der letzten Stunden ab. »Ich hatte einen Traum«, erzähle ich Herrn Direktor Mehta, »in dem Sie mir das Bild eines toten Elefanten geschickt haben. Ich habe mich gefragt, was er zu bedeuten hat.«

»Aber nein, lieber Khemji, das war kein Traum.«

Wie kann das sein, frage ich mich. Ich habe diese Fotografie doch gar nicht.

»Die Frage ist: Haben Sie ein Leben? Oder haben Sie keines?«

»Man hat mich verhaftet.«

»Die Zeitungen berichten es.«

»Sie sind mein einziger Zeuge.«

»Zeigen Sie dem Wachtmeister die Fotografie von dem toten Elefanten. Dann wird sich alles klären, und Sie können mich besuchen«, sagt Herr Direktor Mehta und legt auf.

Der Wachtmeister zeigt mir eine Holzschachtel. Sie ist mit »Beweismaterial« angeschrieben und enthält meine Gewichtsteine sowie die Visitenkarten, die ich drucken ließ. Mehr nicht. Dann herrscht er einen Mitarbeiter an: »Bring den da in seine Zelle!«

Dort gibt es eine Pritsche, eine Latrine und ein Waschbecken. Kein Stuhl, kein Tisch, weder Ratten noch Spinnen.

Am dritten Tag schiebt der Wachtmeister ein amtliches Schreiben durch die Gitterstäbe: »Morgen ist Ihr Gerichtstermin.«

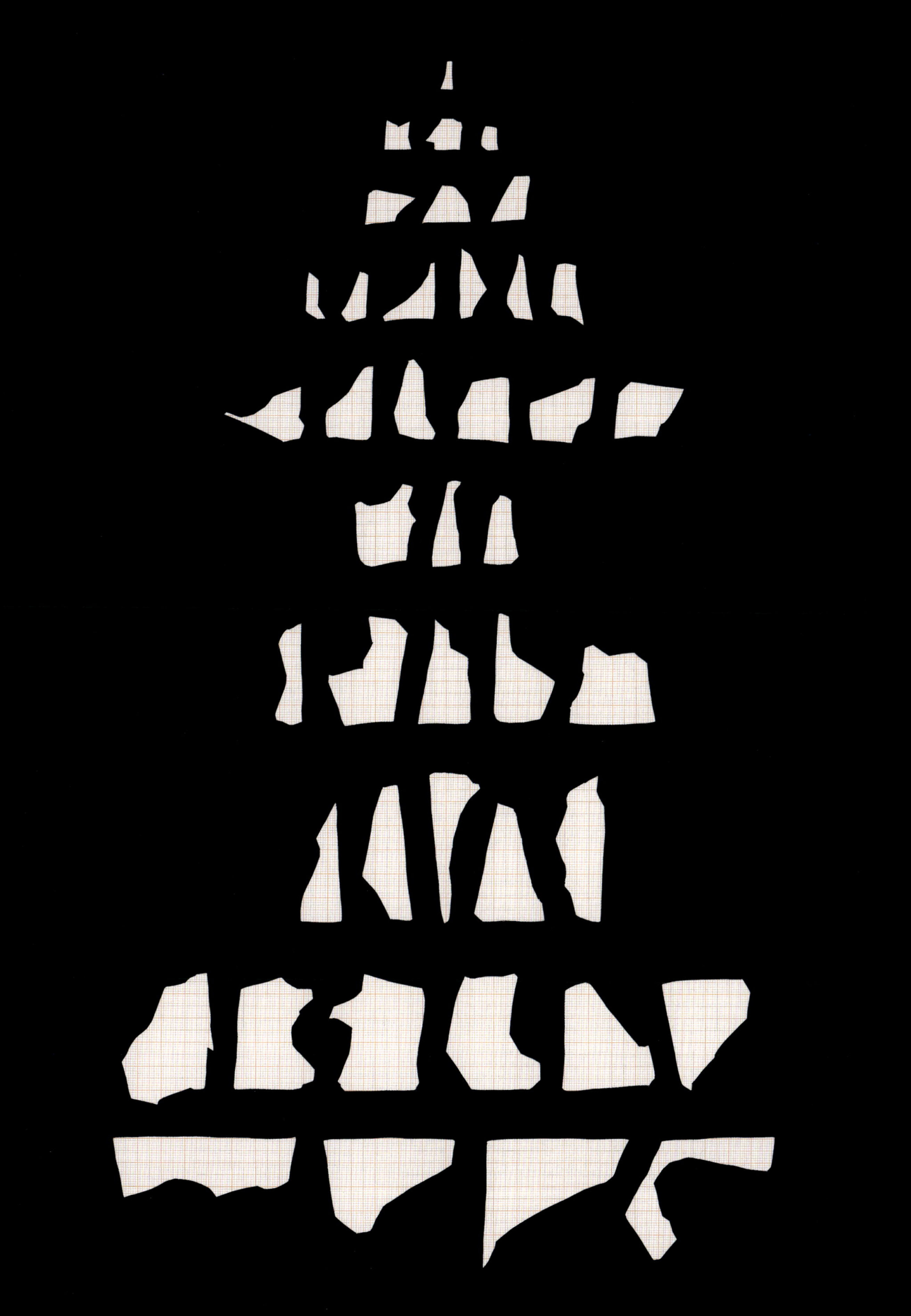

Ich werde dir einen Brief schreiben, treuer Freund. Die Hunde und die verrückten Hühner in meinem Haus fragen mich: »Und wer bist du?« Ein Ankömmling ohne Ankunft, so viel weiß ich. »Hast kein Schiff, hast kein Land«, gackern die einen, »Jawoll, jawoll, jawoll!«, kläffen die anderen.

In der Nacht höre ich eine Stimme. Sie dringt durch eine Luke vier Meter über mir. Es ist das Seufzen des Taxifahrers: »Wie oft habe ich es Ihnen gesagt. Aber Sie haben die Augen verdreht.« Schließlich, nach einem langen traurigen Atemzug, sagt er: »Diese Leute kennen keine Milde. Leben Sie wohl.«

Am Morgen holt mich der Wachtmeister. Kaum habe ich keinen Fuß mehr in der Zelle, leert der Mitarbeiter einen Stahleimer voll Bleichmittel über den Boden.

Wir fahren mit Blaulicht und Sirene zum Gerichtsgebäude, es ist das mit dem Spiegel an der Fassade, begleitet von zwei Dutzend Journalisten und Fotografen auf Motorrädern.

Im Gerichtssaal ertönt zuerst Indiens Nationallied, dann die Landeshymne. Fünf Richter, drei Männer und zwei Frauen, kommen herein. Die Männer tragen kurze khakifarbene Hosen, ein helles Hemd mit kurzen, aber weiten Ärmeln und in der Hand einen Bambusstab. Die Frauen haben sich in helle Saris mit senkrechten rosa Streifen und einer dunkelorangen Schärpe auf der linken Schulter gekleidet. Sie nehmen Platz. Dann dürfen wir uns setzen, der Staatsanwalt, ich, die Presse und hundert Schaulustige.

Der Gerichtsvorsitzende fragt den Staatsanwalt: »Wie lautet die Anklage?«

Dieser trägt dieselbe Kleidung wie die Richter: »Anmaßung.«

Der Vorsitzende sieht mich an: »Bei diesem Delikt verbietet die Kriminalprozessordnung dem Angeklagten, sich verteidigen zu lassen.«

Wieder wendet er sich an den Staatsanwalt: »Erläutern Sie.«

»Entgegen seiner wiederholten Behauptung ist der Angeklagte weder Inder noch heißt er Khemji. Wo er auch hingegangen ist, hat er sich aber mit diesem Namen vorgestellt. Er hat indisch getan, wann immer er konnte, ja, er ist sogar so weit gegangen, sich Visitenkarten drucken zu lassen.« Er zeigt das Päckchen, nennt es »Beweismittel Nummer 1« und gibt es dem Gerichtsdiener. Dieser entnimmt ihm eine Karte, hält sie in die Höhe, damit die Schaulustigen und die Journalisten sie sehen können, fletscht dazu die Zähne, deren Hälse braunrot sind vom Betelnusskauen, und bringt das Päckchen dem Vorsitzenden. »Mit seiner Anmaßung«, fährt der Staatsanwalt fort, »wollte der Angeklagte die Gunst einer der Unseren erhaschen, um Geschlechtsverkehr mit ihr zu haben. Gestützt auf diese eidesstattlich bezeugten, erwiesenen Straftatbestände sowie unter Einhaltung der Gesetze und der geltenden Rechtsprechung verlangt die Staatsanwaltschaft, dass es dem Angeklagten verboten wird, sich Khemji zu nennen und zu behaupten, er sei ein Inder. Zudem soll er auf Lebenszeit des Landes verwiesen und zurück in die Finsternis ausgeschafft werden, aus der er gekommen ist.«

Auf Anweisung des Vorsitzenden öffnet der Gerichtsdiener eine Seitentür und winkt in den Korridor. Der Früchteverkäufer und seine Frau treten ein. Sie sind ängstlich und verhalten. Der Gerichtsdiener führt sie in den Zeugenstand. Sie setzen sich.

»Er war mein brüderlicher Freund«, sagt der Mann. Die Presse fotografiert seine Frau. Sie weint bitterlich. Über ihrem Schluchzen erzählt ihr Mann von meinem Traum, von den gezähmten Menschenhorden in der Einöde, von dem Hengst, der zu Tablaklängen tanzt, und von dem Grenzsoldaten im Hubschrauber, dem beim Anblick einer Gazelle das Wasser im Mund zusammenläuft. »Da wurde es meiner Frau und mir klar, dass der Angeklagte Absichten hat, die den Einklang brechen würden, von dem wir in S. leben, ja von ihm abhängig sind.«

Als das Ehepaar den Gerichtssaal verlässt, sieht mich die Frau wieder an, als wäre ich ein an Durst leidender Patient. Sie weint immer noch. Ich will sagen, dass es mir leidtut, dass ich ohne Arglist gekommen bin, dass ich bloß einem Ruf gefolgt bin. Doch der Gerichtsvorsitzende zeigt mir seine offene Handfläche, sodass ich schweige. Dann aber sage ich: »Herr Vorsitzender, es würde zur Klärung dieses großen Missverständnisses beitragen, wenn die Staatsanwaltschaft Herrn Direktor Mehta aus Bombay …«

»Mumbai.«

»… aus Mumbai als Zeugen …«

»Den vollständigen Satz! Ohne Missverständnis!«

»Ehrenwerter Herr Gerichtsvorsitzender, es würde zur Klärung beitragen, wenn das Gericht Herrn Direktor Mehta aus Mumbai als Zeugen anhören würde.«

Die fünf Richter beraten sich.

»Angeklagter«, sagt der Vorsitzende schließlich, »Ihr Versuch, sich eine Verteidigung zu erschleichen, ist leicht zu durchschauen. Antrag abgelehnt. Sie dürfen sich aber selber zu dem Fall äußern. Fassen Sie sich kurz.«

Ich frage, ob es den Menschen in I. nach dem Sieg über die Pest wieder gut gehe. Da brechen alle in schallendes Gelächter aus, die Schaulustigen und die Journalisten mit ihren Fotografen, der Gerichtsdiener, der Polizist, der Staatsanwalt, die beiden Richterinnen und die drei Richter.

Auch ich möchte lachen, denn der Vorsitzende sieht mich an und macht ein freundliches Gesicht: »Die tapferen Soldaten unserer Luftwaffe sind mit Löschflugzeugen über die Stadt geflogen und haben es regnen lassen.«

Die Richterin links neben ihm sagt: »Sechs Tage lang«, und nach einer rhetorischen Pause: »Das war auch gut gegen die Dürre.«

Großes Gelächter im Saal.

Die Richterin rechts fasst sich wieder und sagt, ganz sachlich: »Am ersten Tag hatten die Soldaten Ätznatron im Wassertank ...«

»Am zweiten Tag war es Pottasche«, fährt der zweite Richter fort.

Aus den Zuschauerrängen geht ein Raunen des Stolzes durch den Saal.

Der dritte Richter sagt: »Das haben die Soldaten zwei weitere Male wiederholt.«

Der Staatsanwalt grinst: »So mussten die Bürger nichts für das Entfernen all der Kadaver bezahlen. Weder fürs Krematorium noch für den Friedhof und auch nicht für die Stadtreinigung.«

Der Gerichtsvorsitzende klopft sich auf die Schenkel und prustet los: »Es waren ja keine der Unseren!«

Sie grölen zu fünft.

Als sie damit aufhören, wendet sich der Vorsitzende an den Diener: »Hole den Chirurgen.«

Kaum hat dieser im Zeugenstand Platz genommen, fragt ihn der Staatsanwalt: »Diagnose?«

»Ihm ist die Nahrung vom Mutterleib in falscher Drehrichtung durch den Bauchnabel geflossen.«

»Prognose?«

»Er ist zwar ein Mensch, aber das Rad an seinem Bauch und auch die anderen Chakren werden sich niemals normal verhalten.«

»Behandlung?«

»Nicht therapierbar.«

»Also war Ihre Operation Geldverschwendung.«

»Pest, Furunkel oder Cholera, das ist mir einerlei.

Als Chirurg kümmere ich mich nur ums Aufschneiden und Ausleiten.«

Der Vorsitzende gibt mir noch einmal das Wort.

»Mutter Indien…«, setze ich an.

»Wer ihre Kinder sind«, unterbricht er mich, »entscheidet allein dieses ehrenwerte Gericht.«

Wieder öffnet der Gerichtsdiener die Nebentür und holt diesmal eine Tasche hervor. Er trägt sie in den Zeugenstand, entnimmt ihr die drei Marionetten, die durch den Bühnenboden gefallen waren, und hält sie an den Steuerkreuzen in die Höhe, damit alle Anwesenden das brennende Haar der Kinderpuppen sehen können, die nach vorne fliehenden Strähnen und die nach hinten ziehenden Schultern des Mannes, vor allem aber die leeren Gesichter der drei Figuren. Der Staatsanwalt schnippt mit den Fingern, worauf dem Diener Schweiß von den Schläfen rinnt und die Hände zittern, denn auf einmal hat das Mädchen ein Gesicht, das der Junge und der Mann sogleich übernehmen. Der Ankläger schnippt, die Gesichter wechseln.

Er schnippt erneut, dreht sich um und sieht mir zum ersten Mal in die Augen. »Man beachte«, sagt er mit ausgestrecktem Arm in Richtung Zeugenstand, »das schuldbewusste Gesicht des Mannes, der, daran kann es keinen Zweifel geben«, und richtet den Finger jetzt auf mich, »den Angeklagten darstellt.« Er tritt an mich heran, ganz nah, schlägt mit der Faust auf die Angeklagtenbank und ruft: »Indische Marionetten lügen nie!« Seine Stimme überschlägt sich: »Sie können es gar nicht, denn sie werden von der höchsten, mächtigsten, ja der einzigen Macht in diesem Universum und in allen Universen überhaupt gelenkt! Und die ist – der Befund des Chirurgen belegt es – mittels Mutternahrung in den Angeklagten eingedrungen und dreht sich in ihm in verkehrter Richtung. Auf dass wir wachsam bleiben.«

Eine Minute lang ist es still im Gerichtssaal.

Bis jemand aus den Zuschauerrängen ruft: »Scheiterhaufen.« Leise zwar, aber voller Lust. Rotz und Speichel füllen Rachen, Körper bewegen sich, Stoff raschelt, Schuhleder schmirgelt über den Boden. Die Luft ist schwer vom Schweiß und dem Kokosnussöl in den Haaren. Der Gerichtsdiener blickt hastig zum Vorsitzenden. Der schlägt mit dem Hammer auf den Tisch.

Ich habe Durst. Aber kein Wasser.

»Das sind die Wegmarken meiner Rückkehr«, erkläre ich, als der Gerichtsdiener die Holzkiste mit meinen Gewichtsteinen öffnet. Der Staatsanwalt nennt sie »Beweismittel Nummer 2«.

Eine der Richterinnen steht auf, schmeißt den Kugelschreiber auf den Tisch und kreischt: »Von wegen Rückkehr!«

Pressekameras blitzen.

»Frau Richterin, in mir war die Erdanziehung schwach und immer schwächer geworden, doch dann erschien mir die Ewiggebärende, das hat der Herr Wachtmeister bestätigt, um mir zu sagen, ich sei von hier und mein Name sei ...«

Wieder knallt der Richter mit dem Hammer. Die Richterin lässt sich auf ihren Stuhl fallen.

Die Schaulustigen finden keine Ruhe. Sie fauchen »dürres Mangoholz« und »geklärte Butter« und »genau, die verbrennt am gründlichsten«. Der Staatsanwalt triumphiert: »Der Angeklagte hat soeben gestanden, dass er die Frau, die in der Schenke tanzte und lachte, erhaben wie die Mutter aller Mütter, nicht nur verführen wollte, nein, es war seine Absicht, sie zur Bruthenne seiner Bastarde zu machen, die ihm ein indisches Leben verschaffen sollten.«

Ein Flennen ertönt: »Große Mutter, verzeih uns unsere Versäumnisse.« Sofort kommt die Zurechtweisung: »Nichts da. Unser Haus ist gekehrt und gewaschen.« Die Presse macht Notizen, während eine weitere Stimme ruft: »Holt den Chirurgen!« Und noch eine: »Kastriert den Eindringling!«

Der Vorsitzende hämmert. Er lässt den Saal räumen und befiehlt dem Gerichtsdiener, die Türen zu verriegeln.

»Angeklagter«, fragt er mich, »haben Sie Indien etwas zu bieten, das nützlich ist?«

»Ich könnte Gazellen züchten, auswärtige, deren Fell glänzt wie die Steppe bei Sonnenaufgang. Um das Gehege würde ich einen hohen Zaun ziehen, so hoch, dass man die armen Geschöpfe nicht vor den Spiegel führen müsste.«

»Die Parade gehört zu unserer Tradition«, sagt der Vorsitzende.

»Die Parade der Ungezähmten, die sich in der Mitte der Biegung auflösen, das weiß ich doch. Meine Gazellen wären aber nicht so.«

»Wozu soll das gut sein?«

»Die Grenzwächter sind hungrig.«

»Die essen kein Fleisch.«

»Der im Hubschrauber schon.«

»Lassen Sie das Träumen.«

»Herr Direktor Mehta hat ...«

»... sich geirrt.« Der Vorsitzende macht Notizen, reißt sie vom Schreibblock und zeigt sie den anderen Richtern. Sie nicken. Dann wendet er sich wieder an mich: »Wir sind ein friedliebendes Land. Wie lautet Ihr wahrer Name?«

»Herr Vorsitzender, mein Name ist Khemji.«

Wieder sieht er links und rechts die anderen Richter an. Wieder nicken sie. Er wendet sich mir zu und verkündet: »Sie haben sich der Anmaßung schuldig gemacht. Wir verurteilen Sie hiermit gemäß den Anträgen des Staatsanwalts.«

Dieser steht an seinem Tisch und macht den Khaki-Gruß, rechter Arm angewinkelt vor der Brust, die Handfläche zum Boden gerichtet. Die fünf Richter stehen auf und beglückwünschen sich gegenseitig.

In ihre Komplimente und den Salut des Staatsanwalts mischt sich ein dumpfer Lärm. Der Gerichtsdiener wird angewiesen, die Fenster zu öffnen. Der Klang von Doppelrohrflöten und Muschelhörnern, von allerlei Glocken und Zimbeln, Tamburinen und großbauchigen Tontöpfen hallt durch den Saal. Als der Vorsitzende sieht, was unten in der Straße vor sich geht, hält er den Atem an und zeigt mit dem Finger abwechselnd auf das Geschehen und auf mich. Ich trete ans Fenster. Ein führerloses Pferd zieht einen Wagen am großen Spiegel vorbei. Die Ladefläche ist mit Blüten der Ringelblume bedeckt. Auf ihnen liegt ein toter Elefant mit einem Loch in der Mitte seiner Stirn. Er blutet. Ein abertausendfaches Wehklagen hallt durch die Stadt. Die fünf Richter und der Staatsanwalt bauen sich vor mir auf, ihre Gesichter voller kantiger, dicker Linien in rechten Winkeln, die Augen wie Fackeln, die Hände wie Klauen. Da packt mich der Wachtmeister. Wir eilen ins Erdgeschoss, hinein in sein Auto, durch ein Tor in eine Nebenstraße und, von der Menschenmenge unbemerkt, zur großen Kreuzung mit dem blau-weißen Schild und dem Teehäuschen. Dort zerrt er mich aus dem Wagen und bringt mich zu einem Bus. Der Motor knirscht und dröhnt. Kaum stehe ich auf der ersten Stufe, schlägt hinter mir die Tür zu. Ich bin der einzige Reisende. Im Führerstand, abgeschirmt durch eine Gitterwand, sitzt ein Uniformierter. Der Polizist reicht ihm durch das Fenster einen Gegenstand. Wir fahren sofort los. Durch die Fenster sehe ich die weinende Frau des Früchteverkäufers. Neben dem Teehäuschen kauert der Taxifahrer bei seinem Fahrzeug und schraubt die Nummernschilder ab. Über ihm schwingt ein Polizist einen Bambusstock. Der Taxifahrer gibt ihm die Schilder, dann auch die Schlüssel und den Führerschein.

Bei Sonnenuntergang erreichen wir eine Kaserne. Ich werde in einen Hubschrauber gesetzt. Der Pilot, ein Soldat der Grenzwache, trägt eine Aviator-Sonnenbrille, hat einen dünnen Schnauzbart und kurz geschnittenes Haar. Er ist schlank und groß, sein Rücken gekrümmt. Er drückt auf den Anlasser, die Rotoren beginnen zu drehen. Wir heben ab.

Als wir über die Dächer von S. fliegen, sagt er: »Öffne die Tür.« Er gibt mir die Schachtel mit meinen Gewichtsteinen: »Wirf sie ab.«

Ich leere die Schachtel, mit jedem Atemzug ein Gewicht. Die Steine schlagen durch die Hausdächer, ich sehe die Schlafzimmer, die Latrinen und all die Küchen, wo gefüllte Töpfe auf Gasherden stehen. Fensterglas klirrt, es krachen Holzbalken und Mauern. Da sind Männer und Frauen und Kinder in Wohnzimmern vor eingeschalteten Fernsehgeräten, und noch während ihre Knochen brechen, blicken sie mit Grinsen und Gelächter zu uns hinauf.

»Zieh dich aus«, sagt der Soldat.

Ich werfe die Kleider aus dem Hubschrauber.

Die Rotoren über uns flattern im Rhythmus einer Tabla. Das Trommeln vertreibt uns aus S. Hinter uns, in der Ferne, schwinden die Lichter. Unter uns gibt es nur noch Büsche, Sträucher, Sand.

Eine Gazelle springt aus dem Gestrüpp. Der Soldat erschrickt, seine Hände lassen den Steuerknüppel los, der Hubschrauber wankt. Speichel füllt seine Mundwinkel. Er wischt ihn mit dem Ärmel ab, greift nach dem Knüppel und bringt den Flug wieder unter Kontrolle.

Wir gleiten durch die dunkle Luft, wie durch ein liegendes Fass.

Der Soldat reißt die Abzeichen seines Ranges und seiner Einheit von der Uniform und wirft sie aus dem Fenster. Er schaltet die Scheinwerfer aus, dann auch das Licht in der Kabine.

»Sprich mir nach«, sagt er.

»Wer bist du?«, frage ich. In der Windschutzscheibe sehe ich unser Spiegelbild. Da sind sie wieder, die schnell wechselnden Gesichter. Kaum haben sie sich angeglichen, verändern sie sich und sind erneut gleich.

»Ich bin kein Inder«, spricht er mir vor.

»Ich bin kein Inder.«

»Khemji ist nicht mein Name.«

»Khemji ist nicht mein Name.«

Das wiederholen wir ein paar Mal.

Dann sind wir still.

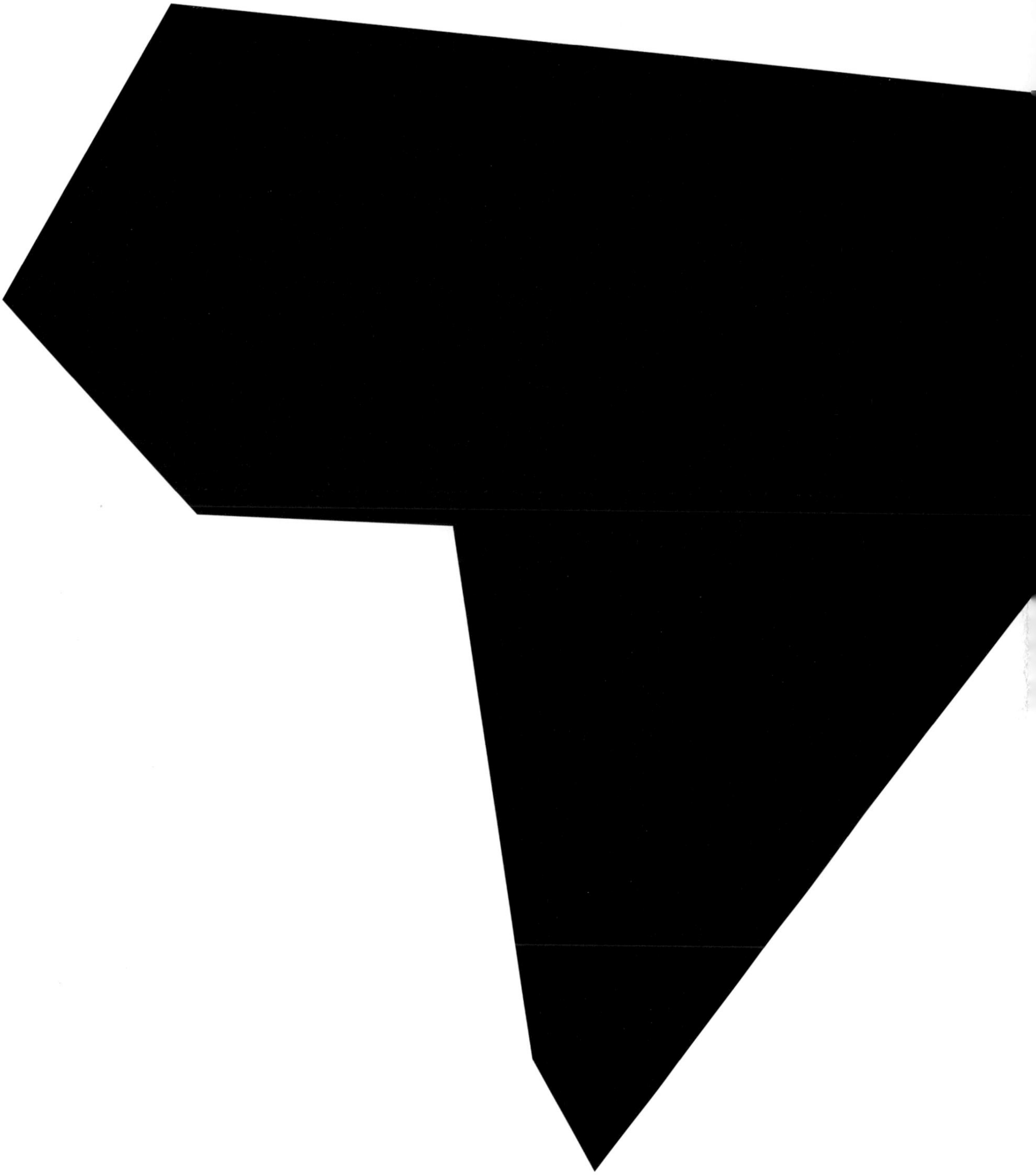

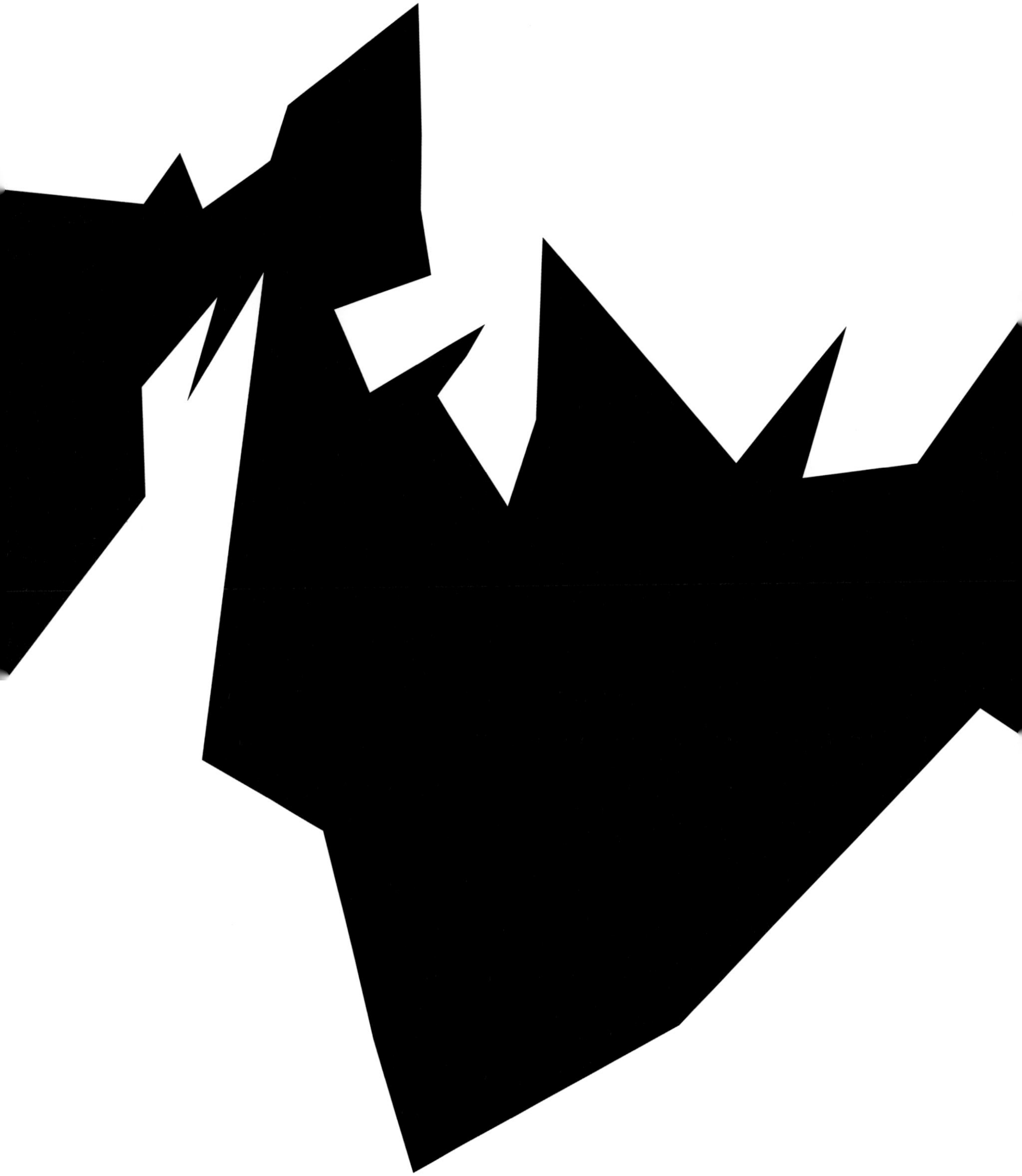

SILVIA HENKE

PHANTASMEN DER HERKUNFT

Menschen träumen grenzenlos. Auch Khemjis Reise beginnt mit einem Traum. Tiere, Dinge, Häuser, Menschen, Steine: Alles hat Platz im Traum, dessen Wesen es ist, Identitäten aufzulösen. Die Ordnungen, die mit Namen und einem Reisepass errichtet werden, gelten im Traum nicht. In der Wirklichkeit, auf die Khemji im Verlauf seiner Reise stößt, wird der Traum zur Wunde am eigenen Körper: Man kann sich wohl eine Herkunft erträumen, beglaubigt wird sie einem nicht. Und wenn sie einem nicht beglaubigt wird, wird man unter Umständen krank. Das Phantasma der Herkunft löst sich in dieser Geschichte nicht einfach auf – das unterscheidet Menschen von Steinen.

Denn das Phantasma ist nicht einfach eine Einbildung oder ein Gespinst, sondern gemäß dem französischen Psychoanalytiker Jacques Lacan eine Vorstellung, die einen festen Platz hat im Imaginären eines Menschen. In diesem Sinn ist die Sehnsucht nach Herkunft auch die Antwort auf das Trauma der Geburt.

ZWEI REISEERZÄHLUNGEN

Die Fotografien von Sascha Reichstein lassen den Blick langsam werden. Man rollt mit den Augen über die Lichter und Umrisse von Mineralien. Die Gesteinslandschaften bleiben sowohl als abstrakte Formen wie als Close-ups fern und fremd. Sie bereiten aber auf das geheimnisvolle und dunkle Terrain vor, wie es der erste Satz von Waseem Hussains Erzählung »Khemji – Eine indische Tragödie« eröffnet: Wo leben Menschen, wenn sie in einem leeren Haus von toten Tieren träumen, Postkarten von blinden Freunden erhalten und als Kapitäne ohne Schiff auf Reisen gehen? Dieser erste Satz macht klar: Hier geht es um bewegliche Räume, um verschobene Orte, Reisen ohne Versicherung. In beiden Arbeiten geht es somit um Verschiebungen, welche eine Herkunftsfrage aus sich heraustreiben.

Für den Ich-Erzähler ist diese Frage von Anfang an prekär, liegt doch schon sein Ausgangspunkt an einer *borderline*, in einem leeren Haus. Im Reich der Mineralogie gibt es keine Grenzlinien. Mineralien bewegen sich, sie können den Aggregatszustand, die Form, den Ort verändern, ihre Grenzen verschieben, aber untergehen wie ein Kapitän ohne Schiff können sie nicht. Entsprechend unterschiedlich verlaufen die beiden »Reiseerzählungen«, die sich von ferne und, je länger man sie betrachtet, auch aus der Nähe ineinander spiegeln. Beide entstammen dem Reich der künstlerischen Fantasie. Ein Mann möchte herausfinden, ob Indien sein angestammtes Land, das heißt sein Herkunftsland sein könnte, wie der Name Khemji es ihm zuruft. Anders als ein DNA-Test, den heute viele Menschen herbeiziehen, um den Beweis für mögliche Vorfahren und Herkünfte zu erhalten, nimmt Khemji diese Zurufung als Identitätsprobe und vielleicht Schicksal. Zumindest schickt sie ihn auf die Reise in das Land seiner möglichen Vorfahren. Genügt ein Name und eine Zurufung, die vielleicht nichts weiter als Vermutung oder gar Zumutung ist, um Zugehörigkeit zu finden? Wem oder was dient die Herkunftssuche eigentlich? Aus diesen Mutmaßungen heraus entwickelt die Reiseerzählung »Khemji« ihre Dramaturgie.

Ganz anders die Dramaturgie von »On Forms«: Die Steine holte Sascha Reichstein zu sich ins Atelier zum Fotografieren, nachdem sie auf der ganzen Welt gesammelt worden waren und im Naturhistorischen Museum Wien eine «neue Gemeinschaft» gefunden haben. Beim Zwischenaufenthalt im Atelier der Künstlerin beginnen sie in neuen Ordnungen zu leben, zu schimmern, sich zu verbinden. Ob sie damit ihre Frage der Herkunft losgeworden sind? Wie »Khemji« erzählt »On Forms« von Migration, von Habitaten und vom Habitus, mit welchem Ordnung und Identität bestimmt wird.

HABITUS

Das Habituskonzept von Pierre Bourdieu beruht auf der Annahme von sozialen Mustern, die das menschliche Verhalten, unsere Werte und auch unsere Wahrnehmungen unbewusst prägen. Sie werden geformt durch ein Milieu und weitergetragen durch bestimmte Gewohnheiten. Der Habitus ist deshalb verantwortlich für Klassenzugehörigkeit und Bildungschancen. Aber nicht nur die Distinktion von Klassen und die daraus folgende soziale Ungerechtigkeit wird durch das Habituskonzept transparent gemacht. Es dient auch der Abgrenzung von Religionen und Kulturen und macht die Regeln nationaler und ethnischer Zugehörigkeit sichtbar.

Im Unterschied zum Habitus in der Biologie ist der Habitus bei den Menschen nicht neutral. Er besteht aus Traditionen, Mythologien, Narrationen und Ideologien. Und somit aus Exklusionen. Der Ich-Erzähler in Waseem Hussains Erzählung macht mit seiner Reise die Probe aufs Exempel: Was, wenn er indisch wäre, wie man es ihm zuflüstert? Was, wenn er wirklich Khemji hieße? Würde man ihm seine Zugehörigkeit glauben, könnte er sie sich glauben? »Zwar glaube ich mich zu kennen. Aber ich bin froh, dass ich keinen Grund habe, bequem zu werden«, sinniert er zu Beginn der Erzählung. Ist der Habitus eine Bequemlichkeit, etwas gut Eingerichtetes, das man erwerben oder aufgeben kann? Oder wird er uns über Vorfahren, Institutionen und Biologie eingeflößt? Verleiht uns der Eigenname auch einen Habitus? Mit diesen Möglichkeiten spielt der Text: Der Name ist hier mehr als eine Form, er dient der Identifikation des Einzelnen und stiftet zugleich Verwandtschaft mit den Gleichnamigen. Denn der Name Khemji ist Chiffre für eine altindische Abstammung. Wer ihn trägt, ohne ihn wirklich zu besitzen, begibt sich in Gefahr, gerade im modernen Indien, wo eine faschistisch gewordene »Mother India« die falschen von ihren echten Kindern absondert, den richtigen vom falschen Habitus unterscheidet. Was der vermeintliche Khemji erlebt, ist mithin die grausame Geschichte der Exklusion. Der Eigenname, gemäß Theodor W. Adorno das Identitätsmal schlechthin, wird zur Wunde.

MYTHOMANIE

Dabei hat sich der Ich-Erzähler, der meint, er könne Khemji und somit Inder sein, mit Träumen, Briefen, Büchern und Werbeprospekten auf seine Reise vorbereitet. Was erstaunt, ist nun, dass die Träume des Erzählers auch nach der Ankunft überhandnehmen und Indien zur Phantasmagorie werden lassen. Ein «Ankömmling ohne Ankunft» sei er. Seine Mythomanie, die mit dem Traum von toten Tieren beginnt, weitet sich aus, befremdet seine Gastgeber und alle, denen er begegnet. Kaum mehr lassen sich die realen Inder und Inderinnen von seinen Fantasien und Träumen trennen. Keineswegs aber ist diese Mythomanie romantisch oder erlösend: Sie wird als Krankheit diagnostiziert, eine eitrige Entzündung, mit welcher »Mother India« seinen Körper abstößt. Im indischen Traum von Rasseneinheit zeigt sich alsbald die grausame politische Dimension, die Tragödie des Reiseberichtes. Khemjis Anmassung, indisch zu sein, führt am Schluss zur Verhaftung, Verurteilung und Ausschaffung.

Was passiert mit der indischen Fantasie, in der auch eine Sehnsucht nach Herkunft steckt? Sie wird immer mehr zum Phantasma, das in kleinen poetischen Leitmotiven durch den Text mäandert. Allen voran die toten Tiere, Elefanten, Krokodile – Tiere, von denen es heißt, sie kehren zurück an ihren Geburtsort, um zu sterben. Tiere, welche als Rudimente einer wilden und starken Natur nur noch Erinnerungen sind. Und die Steine, die Diamanten, die Khemji nach Indien locken, die Gewichtsteine aus Blei, die ihm Realität verschaffen, und alle die Spiegel, die ihn bezeugen und verwirren? Sie werden Symbole einer maroden, feindseligen indischen Gesellschaft, welche alle Wildheit ausschließt und sich gegen den Erzähler formiert und ihm sein Aufenthaltsrecht entzieht. Spätestens beim absurden Gerichtsprozess und seiner spektakulären Ausschaffung mit dem Polizeihubschrauber, in welchem Khemji seine indische Identität leugnen muss, wird die Reise zu einem Albtraum, an dessen Ende wie bei jedem Traum die Frage steht: Was mag er bedeuten?

KÖNNEN STEINE TRÄUMEN?

Wörter können lügen, Bilder können täuschen, Material nicht. Nichts ist so widerständig wie die Materialität der Erde, von welcher die Mineralien erzählen. Doch in welcher Weise erzählen sie davon? Sascha Reichsteins Fotografien «On Forms» sind in keiner Weise Illustrationen zum Text von Waseem Hussain, und die Erzählung »Khemji« liefert keine Erläuterung zu den Gesteinslandschaften. Der Zusammenhang der beiden Arbeiten ist geheimnisvoll und dennoch unabweisbar. Vielleicht könnte man ihn allegorisch nennen.

Beide sind getragen von Sinnbildern, die wie die Allegorie kein Ganzes geben, sondern notwendigerweise Fragment bleiben, welches die biologische, soziale und geopolitische Wirklichkeit in unzähligen Prismen bricht. Und beide betreiben künstlerische Forschung, in je ihrem Medium. Während »Khemji« das Versprechen, die Anmassung und Unmöglichkeit kultureller Identität durchspielt, errichtet »On Forms« Ordnungen in Form spekulativer Geografien, also neuer Habitate für die Mineralien, die in den Fotografien als Gesteinslandschaften von schimmernder und amorpher Ortlosigkeit auftauchen. Mit dem Offenlegen dieser spezifischen Paradoxie von Ort und Ortlosigkeit verweist auch Reichstein mit ihrer Arbeit auf Herkunft als Phantasma.

Denn vielleicht ist auch der Traum der Steine grenzenlos. Zwar haben Mineralien klar definierte Formen und wohnen an bestimmten Orten; in der Mineralogie wird der Habitus als Ausdruck einer inneren Struktur zur Identifikation der Steine benutzt. Dennoch sind sie immer beweglich. Aus diesem Umstand heraus errichtet Sascha Reichstein fiktive Herkunftskarten. Und lässt die Mineralien als die Mischwesen auftreten, die sie sind. Denn trotz ihrer »inneren Struktur« können sich Mineralien verbinden, wissenschaftliche Taxonomien halten sie nicht auf. Calcit kann im und mit dem Citrin wohnen. Nur auf den Karten der Geowissenschaft leben sie in festen Habitaten, haben Kontur und eine bestimmte chemische Struktur und Ordnungsmuster, die sie unterscheidbar machen in ihren kristallinen Formen. Sascha Reichstein antwortet also mit einer künstlerischen Reflexion auf eine wissenschaftliche Fiktion. Ihre Bilder und Konstellationen geben den Mineralien Formen, die andere Formationen infrage stellen. Das kann nur die Kunst. Auch die Erzählung »Khemji« legt die Schichten der Paradoxie von Habitaten und Habitus, von Herkunft und Ankunft in einer Fiktion offen. Anders gesagt: Nur als literarische und künstlerische Forschung, die immer eine Fiktion errichtet, lässt sich die Gleichzeitigkeit von künstlicher Ordnung und lebendigem Chaos zumindest ansatzweise begreifen. Das verbindet diese beiden Reiseerzählungen und lässt doch jede für sich allein schillern, einmal als skurrile Tragödie, einmal als stille Utopie.

Als ich die indische Tragödie schrieb, passierten einige Menschen die Tische, an denen ich saß. Manche erschienen aus dem Hinterhalt meines Gedächtnisses, andere aus den Wogen der Weltgeschichte. Weitere – es sind nicht wenige – lesen in den Zeitungen der Gegenwart eitel den eigenen Namen. Ihre Furcht und ihre Abscheu vor Khemji gaben mir den Anstoß, sein Schicksal zu erzählen, aber sie dürfen sich nichts darauf einbilden. Denn mein Dank geht an Eric Hunziker, der uns bei eisiger Kälte im Kegel einer Laterne eine Bidi anzündete, Martin R. Dean, der mich in das Rätsel vom Liegen auf der Gartenbank einweihte, Frau Shah für das Gold. Und an Ali Bhai Khemji; er geleitet mich durch Welten.

Waseem Hussain

WASEEM HUSSAIN
SASCHA REICHSTEIN

Habitus

Mit einem Essay von
SILVIA HENKE

Herausgeber: editionR
Grafische Gestaltung & Satz: Hanna Williamson
Lektorat: Alice Grünfelder
Korrektorat: Lydia Zeller
Druck: J. E. Wolfensberger AG
Bindung: Bubu AG

editionR
ein Imprint des Verlags ars remata GmbH
Neuackerstrasse 5b
CH-5408 Ennetbaden, Schweiz

1. Auflage 2025
ISBN 978-3-9526200-0-7

Printed in Switzerland
klimaneutral gedruckt

MIX
Papier | Fördert gute Waldnutzung
FSC® C007616